APUNTES SOBRE EL ESTATUTO DE AUTONOMÍA DE CANARIAS

APUNTES SOBRE EL ESTATUTO DE AUTONOMÍA DE CANARIAS

Análisis de las instituciones políticas tras la reforma operada por la Ley Orgánica 1/2018 de 5 de noviembre

1.ª EDICIÓN 2020

Juan Manuel Verdugo Muñoz

Abogado In-lex Gordillo y Verdugo Abogados
Doctor en Derecho Político

COLEX 2020

© Editorial Colex, S.L.
Calle Costa Rica, número 5, 3º B (local comercial)
A Coruña, C.P. 15004
info@colex.es
www.colex.es

I.S.B.N.: 978-84-1359-071-4
Depósito legal: C 985-2020

A Canarias, tierra de generosa acogida, de belleza infinita
y a Jimena, mi hija, porque con su presencia constante
en forma de suave fonética,
el vínculo a este archipiélago se forjó
más fuerte en mi alma

Sumario

Abreviaturas

CE:	Constitución Española
STC:	Sentencia del Tribunal Constitucional
E.A.Can.:	Estatuto de Autonomía de Canarias
E.A.And.:	Estatuto de Autonomía de Andalucía
E.A.Cat.:	Estatuto de Autonomía de Cataluña
RPC:	Reglamento del Parlamento de Canarias
LCCC:	Ley 5/2002, de 3 de junio, del Consejo Consultivo de Canarias
LACC:	Ley 4/1989, de 2 de mayo, de la Audiencia de Cuentas de Canarias
LTAIP:	Ley 12/2014, de 26 de diciembre, de transparencia y acceso a la información pública

Prólogo

Finalizaba el año 2016 cuando tuve el orgullo de defender, junto con Don José Miguel Ruano León, ante el Pleno del Congreso de los Diputados la reforma del Estatuto de Autonomía de Canarias. Lo hice en nombre del PSOE, un partido que ha defendido con firmeza y convicción la reforma del Estatuto de Autonomía de Canarias, y tengo ahora el doble orgullo de poder prologar este trabajo, que trata de analizar la actualización de la norma fundamental de nuestra comunidad autónoma.

Canarias es un archipiélago situado en el océano Atlántico, conformado por siete islas (La Palma, La Gomera, El Hierro, Tenerife, Gran Canaria, Lanzarote y Fuerteventura) además de los territorios insulares del Archipiélago Chinijo (La Graciosa, elevada a isla sin organización política propia por el Estatuto, Alegranza, Montaña Clara, Roque del Este, Roque del Oeste) y la Isla de Lobos. Nuestra localización geográfica (proximidad con África y pertenencia a la Unión Europea), así como el arraigo existente con el continente americano debido a la emigración canaria, hacen de nuestro archipiélago un nexo entre continentes, propiciando así un clima multicultural y enriquecedor.

Somos región ultraperiférica de la Unión Europea debido a la condición de territorio fragmentado ya nuestra lejanía con el continente, siendo la frontera más al sur de Europa. Estos aspectos geográficos repercuten de forma negativa en aspectos tan importantes para el desarrollo de una sociedad como son la economía; el comercio o los transportes. Por ello, el empeño en blindar los derechos, el bienestar, el Régimen Económico y Fiscal y el progreso de los canarios en su Estatuto. Esta es una reforma que salió del Parlamento de Canarias con un amplio consenso, sin el apoyo unánime que hubiese sido deseable no obstante, si bien, dicho consenso fue ampliado en su tramitación ante el Congreso de los Diputados.

Nuestra principal preocupación, y creo que razonablemente así trasladada al Estatuto, son los ciudadanos y el progreso de nuestra tierra, y así podemos observar un carácter social e integrador muy marcado en la reforma estatutaria, para poder contribuir desde el ámbito autonómico a preservar todos aquellos derechos que puedan verse afectados en determinados momentos, como ocurrió en pasadas crisis económicas y podría pasar en la que actualmente padecemos a causa de la imprevisibilidad de una previa crisis epidemiológica de enorme envergadura.

Una de las novedades que presenta el texto que abordamos es la reforma del Sistema Electoral, con la que se pretende mejorar la representatividad política de cada una de las islas, teniendo en cuenta las singularidades intrínsecas que tiene nuestra Comunidad Autónoma. Con este fin, se establecen las bases que posibilitan un sistema electoral que legitima en mayor medida la representación de la ciudadanía y contribuye a superar uno de los escollos históricos insulares: la cohesión política de las islas; que pueda poner en convergencia el proyecto autonómico con la base de representación que ha de sustentarse en el Parlamento.

Así, y con el principal objetivo de alcanzar un mayor desarrollo económico y una mayor y mejor cohesión social en nuestras islas, encontramos una ampliación y mejora nuestra capacidad de autogobierno, una nueva cobertura jurídica que refuerza nuestro histórico y singular régimen económico y fiscal, y un nuevo catálogo de derechos con el fin de robustecer la protección social en nuestra comunidad autónoma en los ámbitos de la salud, de la educación, de la igualdad, de la familia, en el acceso a la vivienda, en el ámbito laboral o en el derecho a una renta garantizada de ciudadanía, entre otros.

Es un estatuto que otorga nuevas herramientas al Gobierno de Canarias para ser más eficaz en su tarea: nuevas competencias, la posibilidad de dictar decretos-leyes o de disolver anticipadamente el Parlamento de Canarias y convocar elecciones. Un estatuto que elimina el discutido aforamiento de los parlamentarios, limitando a mantener su inviolabilidad por los votos y opiniones derivados del ejercicio de su función.

En definitiva, puedo afirmar que estamos ante un texto que comprende mejor nuestras singularidades, propias de un territorio alejado, fragmentado en islas, en la ultraperiferia de Europa y en el Atlántico medio; un texto que responde mejor a nuestras aspiraciones y que contribuye a que Canarias sea un activo para el conjunto de España y de Europa en el área geopolítica en el que se inserta; un texto que pretende por encima de todo mejorar la calidad de vida de la gente que vive en Canarias, al margen de cuál sea la isla en la que resida. Un estatuto que pretende dar mejor y más eficaz respuesta a nuestros problemas, que reconoce con mayor intensidad nuestras propias peculiaridades, que pretende mejorar el desarrollo de nuestro sistema estatutario y constitucional al recoger la jurisprudencia actualizada del Alto Tribunal, al tiempo que moderniza y democratiza nuestras instituciones autonómicas.

Un texto en el que podrán encontrar la ilusión de un pueblo por mejorar su gobernanza, por reforzar sus instituciones, por acercar la toma de decisiones sobre elementos estratégicos para un archipiélago como el canario, cuya realidad insular condiciona el día a día de sus habitantes y su propia naturaleza.

Y aprovecho para expresar mi felicitación por esta obra, que sin duda ayuda, desde el rigor técnico que caracteriza a su autor, a difundir y entender mejor el Estatuto de Autonomía de Canarias.

Iñaki Álvaro Lavandera
Diputado del Parlamento de Canarias

Capítulo I

Antecedentes históricos de las instituciones políticas canarias

1.1. Etapa prehispánica

La organización política de las Islas Canarias antes de la conquista prehispánica, atendiendo a las fuentes de las que a día de hoy disponemos refleja una atomización insular por la que cada una de las islas posee sus propias instituciones primitivas.

Tienen en común una organización basada en la figura de un monarca que ejerce la autoridad en el ámbito territorial sobre la que se asienta su fuente de legitimación. Así por ejemplo en Lanzarote según ABREU GALINDO hay un solo reino, gobernado por un soberano único, quien en unión de sus consejeros, administraba justicia, declaraba la guerra, hacía la paz. Correspondía a los nobles los principales destinos de gobernadores y consejeros. De igual forma en Fuerteventura la organización del reino es de naturaleza monárquica hereditaria, dividida en dos reinos, con castas privilegiadas y una jerarquía social que ejercía la autoridad castrense y la magistratura[1].

En La Gomera, la isla estaba gobernada por cuatro reyes, mientras que en el Hierro gobernaba un único monarca sin que queden constancia fehaciente de los usos jurídicos o principios políticos de ambas islas.

Respecto a La Palma estaba dividida en doce territorios denominados por los conquistadores Señoríos, y al frente de cada uno de ellos se encontraba una autoridad.

1 *Canarias una historia administrativa*. MANUEL ARANDA y otros. 2000. Pág. 16.

mayor complejidad y constancia histórica tenemos de la organización política en las islas de Gran Canaria y de Tenerife. En el caso de Gran Canaria la organización política dividía en dos reinos el territorio, por una parte el Reino de Galdar en occidente y por otra parte el Reino de Telde en occidente. La autoridad ejercida por el Monarca no era absoluta, sino que estaba condicionada por la ley y limitada por un Consejo o Senado denominado Sabor, el cual estaba conformado por miembros de la nobleza. Los nobles eran denominados faycanes, mientras que el resto de consejeros guayres.

En el caso de Tenerife el gobierno era monárquico hereditario y el territorio estaba dividido en diversos Estados que estaban sujetos a un solo rey que era el de Adeje. Si bien, con posterioridad la isla se configura en diversos reinos que reconocen la superioridad de Taoro[2].

Para BENÍTEZ INGLOTT, la primera característica del primitivo derecho indígena era la simplicidad, cuyo cuerpo estaba exclusivamente constituido por la costumbre. La organización político-administrativa la encarna el Rey, que con un Consejo deliberante encarna el régimen representativo en toda su original sencillez y el derecho a la libertad, predicado y practicado, era en los canarios la más solemne de las convicciones[3].

1.2. Etapa castellana hasta los Borbones

En enero de 1405 Jean de Bethencourt obtiene el dominio y señorío de Fuerteventura, transmitiéndolo posteriormente a Maciot, quien lo cede en 1418 en nombre de Bethencourt al conde Niebla.

El archipiélago canario quedó dividido en dos clases de islas: las Realengas o de soberanía reservada a la Corona de Castilla que eran: Gran Canaria, La Palma y Tenerife y las de Señorío, feudatarias de dicha Corona: Lanzarote, conquistada en 1402, Fuerteventura y El Hierro en 1405 y La Gomera en 1407[4].

---

2 *Canarias una historia administrativa*. MANUEL ARANDA y otros. 2000. Pág. 16.

3 *Instituciones primitivas del derecho en Gran Canaria*. BENITEZ INGLOTT. Pág. 17.

4 *75 Aniversario de la creación de la Provincia de las Palmas.* NICOLÁS DIAZ SAAVEDRA MORALES. Real Sociedad Económica de Amigos del País. Pág. 30.

Los señores castellanos basan su poder no en un pacto feudal como en el caso de Fuerteventura o Lanzarote, sino en una delegación jurisdiccional de los monarcas, con aplicación de las Partidas y demás ordenanzas generales del Reino. La huella de la Corona de Castilla queda reflejada en la organización administrativa que sucede a la conquista castellana, donde la Real Audiencia, la Capitanía General o los Cabildos vienen a caracterizar una institucionalidad que actúa como reflejo directo del poder regio en el archipiélago.

Entre dichas instituciones destaca la Real Audiencia de Canarias que implica la culminación del poder de la Corona a través de la unidad jurisdiccional dentro de Canarias, cuyo fin primero era aligerar los gastos causados a los vecinos que se derivaban del sometimiento a la jurisdicción de la Chancillería de Granada, por lo que Carlos V a instancias de los Concejos de las islas adoptó esta decisión en 1526.

Tanto en islas de realengo como en las de señorío, son los Cabildos o Ayuntamientos las instituciones en torno a la que se articula la organización política y social de los territorios, como instrumentos además de descentralización del poder regio que implicaban el ejercicio de una cierta autonomía política. Cabe citar como ejemplo las protestas de los capituladores y jurados por la decisión de Carlos V que disponía la recopilación de las ordenanzas para su posterior aprobación en la Corte[5] (5. Canarias una historia administrativa. MANUEL ARANDA y otros. 2000. Pág. 41).

El primer Cabildo se constituyó en 1497, por ALONSO FERNÁNDEZ DE LUGO, en La Laguna y se encargó de aprobar las ordenanzas para el adecuado funcionamiento de la isla, con competencias entre otras sobre prevención gubernativa, fomento de la agricultura y la ganadería o relaciones comerciales y marítimas.

Respecto al Concejo de Gran Canaria, en opinión de MORALES PADRÓN, sus ordenanzas son una especie de nacimiento de la historia administrativa de la isla.

Las ordenanzas de las tres islas de realengo –Gran Canaria, Tenerife y La Palma– eran elaboradas por el Cabildo correspondientes siendo posteriormente sancionadas por el Rey hasta 1537, si bien a partir de dicha fecha, las mismas debían ser previamente remitidas al Consejo para su aprobación previa sanción regia, lo que en la práctica supuso una limitación de la autonomía política de los Cabildos insulares.

---

5 *Canarias una historia administrativa*. MANUEL ARANDA y otros. 2000. Pág. 41.

En cuanto a las competencias de los Cabildos, sus atribuciones eran de naturaleza judicial y económica, pudiendo constituirse en tribunal de apelación a nivel jurisdiccional o asegurando productos esenciales para la población en materia económica.

Figuras destacables dentro de la institucionalidad de la Canarias castellana es la del almotacén mayor que tenía como función principal la de vigilar pesos y medidas, o la del personero –figura elegida entre los vecinos– cuya función primordial era la de defensa de los intereses de la comunidad frente a eventuales abusos de la autoridad, y que constituye antecedente histórico de la actual Diputación del Común.

Dentro de los Concejos también figuraban los mayordomos, encargados fundamentalmente de la administración de la hacienda pública.

Respecto a las islas señoriales, los vestigios sobre su organización institucional son escasos, teniendo constancia del funcionamiento de una especie de concejo abierto desde mediados del siglo XVI en Lanzarote, rigiendo el fuero de Niebla otorgado en 1422 a Maciot por el Conde de Niebla, mientras que de igual forma en Fuerteventura se adopta un régimen institucional propio del señorío castellano articulado a través de Cabildo o Ayuntamiento, Alcalde mayor, regidores y oficiales para cuya designación se utilizaba el régimen de insaculación durante los siglos XV y XVI.

En cuanto a la administración militar, durante el reinado de la Casa de Austria se instituye la Capitanía General como mando único, concediéndole Felipe II la jurisdicción sobre toda la gente de guerra, tanto de mar como de tierra, con facultad de conocer todas las causas civiles y criminales que se diesen entre ellos, eligiendo un asesor letrado de no estar en el lugar de residencia de la Audiencia[6].

Otra figura importante dentro del entramado institucional es la del Gobernador, designado directamente por el Monarca, y asumiendo las función propia del corregidor, cuya competencia primordial radica en la administración de justicia, siendo asistido por un teniente o alcalde letrado mayor, que viene a conocer en profundidad los asuntos judiciales que se someten a decisión, encargándose con dicha figura la presencia del poder regio en el archipiélago, coexistiendo dos gobernadores, uno con sede en Tenerife y otro en Gran Canaria.

---

6 *Canarias una historia administrativa*. MANUEL ARANDA y otros. 2000. Pág. 56.

Con posterioridad aparecerá la figura del corregidor que viene a sustituir a los Gobernadores, con funciones muy similares.

En 1631, en el caso de Tenerife, y en 1632 en el de Canaria, se nombran por vez primera corregidores, oficiales que ya tenían una considerable tradición en el ámbito castellano, y cuya designación se había generalizado desde el reinado de los Reyes Católicos. En Tenerife el nombramiento recayó en la persona de Jerónimo Boquín Pardo, y en Canaria, en Diego de Oviedo. El corregidor Boquín, fue designado en su calidad de corregidor de «capa y espada», como «capitán a guerra» de Tenerife y La Palma. En el caso de Diego de Oviedo, el nombramiento como corregidor y como «capitán a guerra», se limitaba a la propia isla de Canaria. Ambos son, por tanto, los primeros corregidores del Archipiélago[7].

La justificación general, o al menos la más difundida y admitida, parte de que el nombramiento de estos oficiales significa el final de la autonomía concejil medieval y el comienzo de una etapa donde la actuación de los cabildos seculares está mediatizada por el monarca, garantizándose el control regio, precisamente por la presencia y el concurso de estos oficiales. Otros autores destacan que la intervención en los concejos castellanos de un oficial de designación real, obedece al deseo de garantizar la paz y de asegurar la estabilidad política en territorios determinados[8].

1.3. Etapa borbónica y Administración constitucional

Con la llegada al poder de los borbones se potencia la figura del Capitán General y Gobernador-Presidente de la Real Audiencia de Canarias, convirtiéndolo en una omnipotente magistratura sobre el archipiélago al haber sido elegido por los Borbones como extensión del poder regio y ello pese a que se habían instituido instituciones con barnices democratizantes como los diputados del común y los síndicos personeros en 1766. Todo ello deriva en una conflictividad creciente entre los impulsos autónomos de las instituciones propias y la recentralización de las estructuras impulsadas por las reformas borbónicas.

---

7 *El establecimiento de Corregidor en las Islas Canarias*. Carmen Sevilla González. Anales de la Facultad de Derecho. 2001. Facultad de la Laguna. Pág. 433.

8 *El establecimiento de Corregidor en las Islas Canarias*. Carmen Sevilla González. Anales de la Facultad de Derecho. 2001. Facultad de la Laguna. Pág. 435.

La Constitución de 1812 creó las Diputaciones Provinciales. En su artículo 325 se establecía que en cada provincia existiese una Diputación para promover el fomento de la educación y de los distintos sectores económicos. La Diputación estaría presidida por el jefe superior y formada por el intendente y siete miembros elegidos.

La Diputación Provincial se convirtió en un órgano consultivo fundamental para el liberalismo histórico español. La autoridad en la provincia era el jefe político, que podía solicitar de la Diputación informes y consultas sobre diferentes cuestiones de gobierno y fomento.

Por tanto el poder territorial descentralizado se articulaba a través de Jefe gubernativo, Diputación Provincial y Ayuntamientos. Por encima de las instituciones insulares se encontraba la Real Audiencia de Canarias y como representación directa de la autoridad regia se encontraba el Capitán General, Gobernador y Presidente de la Audiencia.

La implantación de una provincia única comprensiva de todo el archipiélago, al frente de la cual destaca la Diputación Provincial de Canarias con sede en Santa Cruz de Tenerife por Ley de 27 de enero de 1822, rompe con una trayectoria de diversidad administrativa reconocida a las islas, provocando el nacimiento de un fuerte conflicto entre las unidades insulares que conforman el conjunto archipielágico[9].

La instauración de la legislación provincial a través de la Ley de 8 de enero de 1845 representa para Canarias y para sus instituciones administrativas un período de escasa efervescencia política, dada la carencia de competencias propias, sin apenas funciones decisorias, que únicamente adquiere cierta relevancia a raíz de la instauración a través de Real Decreto de 17 de marzo de 1852 de dos distritos administrativos en la provincia de Canarias con sus correspondientes Subgobernadores Civiles y secciones de la Diputación Provincial.

Con el pensamiento político regeneracionista y la entrada en escena de la cuestión regional dentro de la configuración del Estado adquiere relevancia el "problema canario" con sustantividad propia, suscitándose un debate en torno a la futura organización administrativa del archipiélago.

El regeneracionismo canario se enmarca dentro de un regeneracionismo nacional que parte de una profunda

9 *Canarias una historia administrativa*. Manuel Aranda y otros. Eduardo Galván Rodríguez. 2000. Pág. 114.

y diversa visión crítica de la Restauración, saca a la luz la cara sombría del régimen canovista, sus déficits y corruptelas. Este movimiento alberga en su interior una multitud de corrientes, contradictorias entre sí, pero todas convergen en un objetivo común: realizar un análisis sociocultural de los grandes problemas de España y confeccionar propuestas capaces de poner fin a esos males. Para algunos investigadores el propósito del regeneracionismo era "reformar y regenerar institucionalmente el régimen de la Restauración y ensancharlo hacia los movimientos sociales de masas[10]".

La nueva generación de intelectuales canarios no quiere mantener la dinámica de funcionamiento de la *"vieja política"*, de raíz burguesa no obstante la mayoría de ellos, deciden orientar sus esfuerzos al servicio de un cambio, de una regeneración, en el sistema político nacional. En tres problemas, que azotan la realidad insular, y nacional por extensión, impidiendo su desarrollo, centran su atención y sus críticas las personas agrupadas en torno a las páginas de la revista La Palestra que sirvió como instrumento de comunicación de las ideas preconizadas. Tales problemas eran fundamentalmente a nivel social: el caciquismo, la educación como herramienta para operar el cambio necesario y la economía y la necesidad de diversificar la orientación productiva de las islas para estar menos sometida a los vaivenes internacionales.

Desde un punto de vista de la organización administrativa se constatan tres tesis fundamentales en opinión de Eduardo Galván: La primera consiste en el mantenimiento de la unidad administrativa del archipiélago con concesiones a la autonomía insular; la segunda sostiene la defensa de la isla como ente territorial autónomo y es auspiciada fundamentalmente desde las islas periféricas y la tercera de las tesis consiste en la División de las islas en dos provincias diferentes[11].

Mediante Ley de 11 de julio de 1912, que constituye la principal obra política del majorero Manuel Velázquez Cabrera, se crean los Cabildos Insulares, respetando la unidad provincial y la actividad de la Diputación como institución representativa de los intereses generales y comunes del archipiélago.

Las agitaciones por la división en Las Palmas tuvieron muchos rasgos propios de un movimiento social de natura-

10 *Una reflexión sobre el regeneracionismo canario: el ejemplo de la revista la palestra* (1898-1899). Pág. 1275.

11 *Canarias una historia administrativa*. Manuel Aranda y otros. Eduardo Galván Rodríguez. 2000. Pág. 122.

leza cívica, que expresó de forma recurrente el descontento de una parte estimada de la población contra la centralización político-administrativa en Santa Cruz de Tenerife. Al arrancar el siglo XX y antes de aprobarse la Ley de Cabildos de 1912, dicho movimiento ganó una intensidad inédita a partir de las grandes movilizaciones de 1906-1911. Las asambleas, los mítines y las manifestaciones multitudinarias de marzo-abril de 1908, promovidas por la Junta de Defensa de José Franchy Roca, Rafael Ramírez Doreste y Juan B. Melo Rodríguez, llegaron a reunir en la capital grancanaria entre 10-12.000 personas y estandartes de más de sesenta instituciones: desde el Círculo Mercantil y la Sociedad Filarmónica hasta la Asociación de Trabajadores y la Confraternidad de San Telmo, pasando por la Fraternidad de San Roque, Luz y Progreso o el Orfeón de Artesanos[12].

Finalmente, mediante Real Decreto de 21 de septiembre de 1927, en plena dictadura de Primo de Rivera, se procedió a dividir el archipiélago en las dos provincias actuales, y así hasta la transición política después de la muerte del dictador Francisco Franco, donde las aspiraciones autonomistas canarias fraguaron en la aprobación del Estatuto de Autonomía a través de la vía constitucional nacida de la Constitución de 1978.

12 *75 Aniversario de la creación de la Provincia de las Palmas*. Agustín Millares Cantero. Real Sociedad Económica de Amigos del País. Pág. 70.

Capítulo II
Principales características del nuevo Estatuto de Autonomía de Canarias

2.1. Breve introducción

La Ley Orgánica 1/2018 de 5 de noviembre aprueba y refunda la norma fundamental que rige la organización político-administrativa de la Comunidad Autónoma de Canarias y lo hace tras un intenso periodo de negociación política entre las diversas fuerzas políticas representativas de las islas, fruto de diversos intentos de actualizar el nuevo marco estatutario, y que por diversas circunstancias y avatares, tanto a nivel insular como estatal, no dieron su fruto. Por tanto se trata de un Estatuto de los denominados de nueva generación. No estamos en presencia por tanto de una mera reforma del viejo Estatuto aprobado por la Ley Orgánica 10/1982, luego complementado por la Ley Orgánica 11/1982 de Transferencia de Competencias Adicionales para Canarias, denominada LOTRACA, y posteriormente reformado por la Ley Orgánica 4/1996, a raíz de los acuerdos autonómicos de 1992.

Si por algo se ha caracterizado la tramitación del presente Estatuto de Autonomía es por su alto grado de accidentalidad que se plasma en el hecho de que una vez aprobado y publicado en el Boletín Oficial del Parlamento de Canarias en fecha 13 de abril de 2015, es decir en las postrimerías de la legislatura 2011-2015, fue remitido para su tramitación en las Cortes Generales, y una vez allí tuvo que ver el final de la X Legislatura, el alumbramiento fallido de la XI Legislatura y finalmente la XII Legislatura donde fue aprobada después de su defensa ante el Pleno del Congreso de los Diputados en debate de totalidad como propuesta de reforma del Estatuto, obteniendo el voto favorable de 236 diputados.

La nueva norma institucional básica de la Comunidad Autónoma presenta caracteres propios de los Estatutos denominados de nueva generación aprobados a partir de la VIII Legislatura. Además en su proceso de elaboración contaba con la ventaja de tener una jurisprudencia actual al respecto, pues fundamentalmente a partir de la sentencia 31/2010 del Tribunal Constitucional que anulaba e interpretaba parcialmente el Estatuto de Autonomía de Cataluña, desde el Alto Tribunal se señalaba el camino correcto en las reformas estatutarias.

Lo primero que apreciamos es que en base a la estructura y contenido de la norma estatutaria, el Estatuto de Canarias a imagen y semejanza del resto de Estatutos que le han precedido en el intenso proceso de reformas estatutarias emprendidas a partir de 2005, manifiesta una estructura similar a las Constituciones tradicionales, contando para ello con un Preámbulo donde desde la política se trata de construir un hecho histórico como asidero de la norma estatutaria; un Título Preliminar, donde se describen los fundamentos políticos de las instituciones que emanan del Estatuto; una parte dogmática en forma de *derechos fundamentales y libertades públicas* y una parte orgánica que describe las principales instituciones del archipiélago como manifestación de los poderes propios de la Comunidad.

No obstante, el Tribunal Constitucional ha desterrado cualquier duda en torno a que de esa semejanza formal con las Constituciones clásicas pueda derivarse alguna consecuencia sobre la naturaleza propia de los nuevos Estatutos de Autonomía, más allá de la propia naturaleza de norma de autogobierno y núcleo del bloque de constitucionalidad que el Tribunal Constitucional les reconoce y garantiza.

Y así, en relación con tan significativo contenido como son los derechos, ha venido a afirmar que el Estatuto de Autonomía no es norma apropiada para generar derechos subjetivos y que el contenido que puedan establecer con esa denominación no constituye en rigor un derecho, sino *"... un objetivo marcado a los poderes públicos..."* de la Comunidad Autónoma [STC 247/2007, de 12 de diciembre, FJ 20 a), reiterado en la STC 249/2007, de 13 de diciembre, FJ 5]. Y ya en general, ha dejado meridianamente claro que *"Los Estatutos de Autonomía son normas subordinadas a la Constitución, como corresponde a disposiciones normativas que no son expresión de un poder soberano, sino de una autonomía fundamentada en la Constitución..."*, y que la terminología que se utiliza en ocasiones según la cual *"...cumplen... funciones que cabe calificar como materialmente constitucionales, por servir a los fines que conceptual-*

mente se tienen por propios de la norma primera de cualquier sistema de Derecho... no tiene mayor alcance que el puramente doctrinal o académico, y... en ningún caso se traduce en un valor normativo añadido al que estrictamente corresponde a todas las normas situadas extramuros de la Constitución formal" (STC 31/2010, de 28 de junio, FJ 3)[13].

Por tanto, dando por sentado que la nueva norma alumbrada no modifica el valor normativo como fuente del derecho que la anterior norma poseía, sí que podemos analizar los principales aspectos novedosos del Estatuto, antes de entrar en las instituciones políticas nacidas del mismo y que constituye el principal objeto de esta obra.

2.1.1. Título Preliminar

La primera cuestión que observamos es la conjunción en su artículo 1 de dos conceptos tales como la consideración o descripción del territorio como archipiélago atlántico que ejerce su derecho a la autonomía como nacionalidad. El segundo de los conceptos –nacionalidad– ya estaba recogido en la reforma de 1996 y entroncaba directamente con el artículo 2 del texto constitucional, pero sin embargo la consideración de archipiélago atlántico constituye una novedad que probablemente el legislador estatutario introduce para reforzar o crear *ex novo* una realidad geográfica en torno a las aguas que rodean y perimetran las islas a fin de producir un espacio concreto archipielágico que comprenda dichas aguas y que como dice Francisco José Villar Rojas, Catedrático de Derecho Administrativo de La Laguna, pugna con aquella doctrina constitucional, que hasta ahora ha rechazado que el territorio del archipiélago canario incluyera el mar (STC 8/2013 F.J.6º), negando una de las notas que caracterizan lo que sea un archipiélago frente a una isla (artículo 46.1 a) de la Convención del Mar de 1982)[14].

La clave de bóveda de nuestro edificio constitucional, en palabras de Herrero de Miñón[15], es sin duda el artículo 2

13 César Aguado Renedo. *Presentación Nuevos Estatutos Comparados*. Centro de Estudios Políticos y Constitucionales.

14 Francisco José Villar Rojas. *El Estatuto de Autonomía de Canarias*. Thompson Reuters. Pág. 56.

15 González Casanova, Jose Antonio, (2008) *Estudios sobre la Constitución española*. Homenaje al Profesor Jordi Solé Tura. "El artículo 2 CE y el debatido caso de las nacionalidades". Cortes Generales. Madrid. 2008. Pág.1669.

de la Constitución española que en su tenor literal establece: *"La Constitución se fundamenta en la indisoluble unidad de la Nación española, patria común e indivisible de todos los españoles, y reconoce y garantiza el derecho a la autonomía de las nacionalidades y regiones que la integran y la solidaridad entre todas ellas". En opinión de Oscar Alzaga el artículo encierra la transacción más discutida de cuantas contiene nuestra Constitución mientras que para Solé Tura "pese a su complejidad conceptual, el artículo constituye la base de legal para superar el enfrentamiento histórico entre las dos concepciones de España, puesto que funde en una misma definición constitucional el concepto de nación española unitaria y los conceptos de nacionalidad y de región como componentes esenciales de esa nación*[16]*"*.

El artículo 2.º de la Constitución establece una relación entre realidades histórico-sociales, que se enuncian con un énfasis político, y principios de organización del Estado. Entre los primeros, es una realidad histórica que se afirma con ese énfasis, la unidad indisoluble de la Nación española, que es patria común de todos los españoles; y lo es también, la existencia de nacionalidades y regiones que la integran. Son en cambio principios jurídico políticos de organización, la unidad indivisible, que debe articularse en la Constitución como consecuencia de esa realidad primera de una nación indisoluble; el derecho a la autonomía, que la Constitución reconoce y garantiza a las nacionalidades y regiones como aceptación de su realidad; y la solidaridad que debe ser fundamento de la Constitución y que el Estado debe garantizar[17].

El artículo es significativamente importante porque supone la introducción de un nuevo término, el de nacionalidades, que tiene por objeto fundamental atribuir un plus de sustantividad propia a determinadas comunidades de base histórica, fundamentalmente Cataluña y País Vasco, a fin de atraer el apoyo de las formaciones políticas nacionalistas e indefectiblemente al cuerpo social que le sustenta, pues una Constitución no votada de forma mayoritaria en esos territorios no era deseable en un momento histórico-político convulso como el que vivió la sociedad española entre 1975 y 1981.

---

16 GONZÁLEZ CASANOVA, JOSE ANTONIO, (2008) *Estudios sobre la Constitución... op. cit.* Pág. 1671

17 SÁNCHEZ AGESTA L. / GOIG MARTÍNEZ, J. MANUEL – (1996). *Comentarios a la Constitución Española*. Tomo I – Preámbulo y artículos 1 a 9 de la Constitución Española de 1978. "Artículo 2º: Las Autonomías".1996. VLEX.-330891. Pág. 2

El término es innovador en nuestra tradición constitucionalista y ha generado vivos debates sobre la naturaleza política del término sin que exista una interpretación unívoca. Ejemplo de ello fue el debate suscitado entre la posición de Alianza Popular y la Unión de Centro Democrático en lo que respecta a la introducción del término en el artículo del anteproyecto constitucional votado el 12 de mayo de 1978 pues los aliancistas entendían que desde el punto de vista doctrinal y teniendo en cuenta el desarrollo histórico doctrinal de los conceptos "Nación" y "Nacionalidades", los mismos estaban tan esencialmente vinculados en torno al concepto de soberanía que no cabían al mismo tiempo dentro de una redacción coherente del artículo. Frente a este concepto político-histórico de nación, nacionalidades, el diputado ucedista ARIAS SALGADO opuso lo que con Meinecke llamaríamos «naciones culturales», que no son más que aquéllas que poseen una cultura común sentida como tal. En este sentido, ARIAS SALGADO dijo, en el seno de la comisión constitucional, que frente a la Nación-Estado había que distinguir la Nación histórico-cultural, que –según él– "no tiene vocación de soberanía, pero que identifica a una determinada población en su singularidad cultural o histórica, y que es a lo que en el Texto Constitucional se denomina como nacionalidades[18]." Esto es mío también.

A propósito de esta cuestión el artículo 4 del nuevo texto estatutario aborda nuevamente la cuestión relativa al mar y así en el apartado primero del artículo establece que el ámbito espacial de la Comunidad Autónoma de Canarias comprende el archipiélago canario, integrado por el mar y las siete islas...".

No obstante en el apartado segundo del mismo precepto se establece que:

> *"Sin perjuicio de la delimitación de las líneas de base existentes, entre los puntos extremos más salientes de las islas e islotes que integran, según el apartado anterior el Archipiélago canario, se trazará un contorno perimetral que siga la configuración general del archipiélago, tal como se establece en el anexo de este Estatuto. Las aguas que queden integradas dentro de este contorno perimetral recibirán la denominación de aguas canarias y constituyen el especial ámbito marítimo de la Comunidad Autónoma de Canarias."*

18 *Diario del Congreso de los Diputados.*13-5-1978.

Y en el apartado quinto del mismo artículo se dispone:

> *El trazado del contorno perimetral no alterará la delimitación de los espacios marítimos de las Islas Canarias tal y como están establecidos por el ordenamiento jurídico español en virtud del Derecho Internacional vigente.*

Por tanto es evidente que el legislador estatutario con la redacción del artículo reconoce la imposibilidad de reconocer como aguas interiores o espacio propio la totalidad del mar y se limita a reconocer como aguas canarias o propias aquellas contempladas en el apartado segundo del artículo pudiendo proyectar sobre ellas sus competencias.

Por tanto, en opinión de VILLAR ROJAS, la delimitación de las aguas canarias como parte del territorio de la Comunidad Autónoma no prejuzga ni altera la regulación estatal vigente, en particular en cuanto al Derecho Internacional del Mar, de modo que, siquiera de forma implícita, se mantiene y asume el tratamiento de las islas como archipiélago no Estado[19].

Otro de los aspectos destacados en la delimitación del territorio canario es la consideración de la isla de La Graciosa como isla, aunque ello no implique reconocerle un estatutos político-administrativo distinto, en el sentido de poder reconocerse un ámbito propio de autonomía política de naturaleza local, permaneciendo integrada administrativamente dentro de Lanzarote y concretamente dentro del municipio de Teguise.

2.1.2. Incorporación de derechos, deberes y principios rectores

Otro aspecto destacado del nuevo Estatuto de Autonomía es la incorporación de una parte dogmática a través del Título I que viene a enumerar una serie de derechos y deberes haciendo uso del modelo establecido por nuestra Constitución en el Título I para relacionar los derechos fundamentales y libertades públicas así como el resto de derechos y deberes y principios rectores.

Dicha tabla de derechos y deberes no puede entenderse sin una lectura detenida de la sentencia número 247/2007 dictada por el Tribunal Constitucional, posteriormente rati-

19 FRANCISCO JOSÉ VILLAR ROJAS. *El Estatuto de Autonomía de Canarias*. Thompson Reuters. Pág. 67.

ficada por la sentencia número 31/2010 del Alto Tribunal que venía a resolver el recurso de inconstitucionalidad interpuesto frente al Estatuto de Cataluña.

Al respecto establece la sentencia:

> *Lo expuesto nos permite afirmar que el art. 139.1 CE no contiene un principio que imponga la uniformidad absoluta respecto de los derechos constitucionales propiamente dichos, afirmación que queda reforzada porque según este Tribunal ha señalado "tampoco este precepto es atributivo de competencias sino que se limita a establecer principios que son límites, tanto de las competencias autonómicas como de las estatales y, por ello, inadecuados para resolver un conflicto de competencias" (STC 14/1989, de 26 de enero, FJ 2). En suma este precepto contiene un principio que se dirige a todos los poderes públicos en general, es decir, a todos los entes dotados de poder político en nuestro Estado autonómico, o sea, tanto al Estado como a las Comunidades Autónomas.*
>
> *Por tanto, las Asambleas legislativas de las Comunidades Autónomas pueden ejercer sus competencias normativas en los ámbitos materiales previstos en cada Estatuto de Autonomía, lo que les habilita, sin duda, en ejercicio del principio de autonomía (art. 2 CE), para establecer sus propias políticas u objetivos a través de los regímenes jurídicos que consideren más adecuados en cada caso. Este dato, que hace posible la diferenciación entre los regímenes jurídicos que en sus áreas de competencia pueden establecer las distintas Asambleas legislativas de las Comunidades Autónomas, conlleva la diferenciación entre las posiciones jurídicas de los ciudadanos de cada una de ellas. Por tanto, en el ámbito de lo dispuesto por el art. 147.2 d) CE, los Estatutos de Autonomía no pueden establecer por sí mismos derechos subjetivos en sentido estricto, sino directrices, objetivos o mandatos a los poderes públicos autonómicos. Por ello, cualquiera que sea la literalidad con la que se expresen en los estatutos, tales prescripciones estatutarias han de entenderse, en puridad, como mandatos a los poderes públicos autonómicos, que, aunque les vinculen, sólo pueden tener la eficacia antes señalada. Lo dicho ha de entenderse sin perjuicio, claro está, de que tales prescripciones estatutarias, como todas las otras contenidas en los Estatutos, habrán de ser tomadas en consideración por este Tribunal Constitucional cuando controle la adecuación de las normas autonómicas al correspondiente estatuto.*
>
> *De este modo, las referidas prescripciones de los Estatutos tampoco quebrantan el art. 139.1 CE, pues aparte de ser manifestación del ejercicio por el legislador estatutario de un cometido que la Constitución le atribuye, dan lugar*

a que, en su desarrollo, las Asambleas de las Comunidades Autónomas puedan en ejercicio de su autonomía política establecer derechos, con sometimiento a los límites constitucionales expuestos, salvaguardando, de un lado, el sustrato de igualdad general en todo el territorio nacional de los derechos regulados en la Constitución y, de otro, las competencias que la misma atribuye al Estado.

En conclusión, los Estatutos de Autonomía, que en el ámbito institucional del contenido estatutario pueden establecer derechos subjetivos por sí mismos, en el ámbito de atribución competencial requieren de la colaboración del legislador autonómico, de tal manera que las prescripciones estatutarias relativas a este último ámbito, cualquiera que sea el modo literal en que se enuncien, han de entenderse, según antes se acaba de decir, como mandatos, orientaciones u objetivos, dirigidos a los poderes públicos autonómicos para el ejercicio de competencias que el Estatuto atribuya.

Por tanto, de una lectura de la sentencia cabe deducirse que los derechos reconocidos en el nuevo Estatuto de Autonomía no dejan de ser más que un mandato expreso al legislador autonómico para que en el ámbito de su competencia desarrolle legislativamente el mismo, dándole contenido material, pudiendo ser invocados cuando dicho desarrollo se haya materializado sin que por tanto quepa hablar de derechos subjetivos stricto sensu. Ello conecta indefectiblemente con el artículo 9 del texto autonómico que regula la titularidad de dichos derechos y deberes, atribuyendo la misma quienes ostentan la condición política de canarios con carácter general, permitiendo extender en el apartado segundo de dicho artículo los derechos que el Estatuto reconoce a otras personas que no ostenten la condición política de canarios en función de lo que establezca la ley. Igualmente, el apartado tercero establece que los derechos, deberes y principios rectores vinculan a los poderes públicos de la Comunidad Autónoma de Canarias, sin que quepa deducir la misma vinculación respecto al resto de poderes públicos de la Administración del Estado que ejerzan jurisdicción en el territorio autonómico, con lo que se intenta soslayar el eventual choque en cuanto a distribución territorial de competencias o conflicto de naturaleza constitucional.

En opinión de RISQUETE FERNÁNDEZ, la vinculación a los poderes públicos supone establecer obligaciones y límites materiales a la actuación de aquéllos de ahí que no resulte intrascendente, ni vacía de contenido su inclusión en la reforma del Estatuto, todo ello, relacionado a su vez, con el régimen de garantías que instaura el artículo 36, que les dota de protección[20].

En cuanto a los derechos reflejados en la norma estatutaria son los siguientes:

a) Familia.

b) Derechos de las personas menores de edad.

c) Derechos de las personas jóvenes.

d) Derechos de las personas mayores.

e) Derechos de las Personas en situación de dependencia y discapacidad

f) Derecho a la Igualdad entre mujeres y hombres.

g) Derecho a la orientación sexual

h) Derechos en el ámbito de la salud.

i) Derecho a formular instrucciones previas.

j) Derechos en el ámbito de la educación.

k) Derecho de acceso a la vivienda.

l) Derechos en el ámbito laboral y profesional.

m) Derecho a una renta de ciudadanía.

n) Derechos de consumidores y usuarios.

o) Derechos en el ámbito del medio ambiente.

p) Derechos en el ámbito cultural.

q) Derechos de acceso a las tecnologías de la información y de la comunicación.

r) Derechos en el ámbito de los servicios sociales.

s) Derecho a la protección de los datos personales.

t) Derechos de participación.

u) Derecho a una buena administración.

v) Derechos en el ámbito de la justicia.

w) Derecho a la memoria histórica.

x) Derechos de los animales.

---

20 José Luis Risquete Fernández. *El Estatuto de Autonomía de Canarias*. Thompson Reuters. Pág. 82.

Respecto a la aplicabilidad de tales derechos ya hemos hecho referencia con anterioridad a la virtualidad de los mismos en su concepción fundamental de mandato a los poderes públicos canarios para que en el ámbito de las competencias estatutarias desarrollen tales derechos a fin de que puedan ser debidamente tutelados. Al respecto el artículo 36 del Estatuto establece:

> *Los derechos reconocidos en el presente capítulo se deben aplicar en su interpretación y sentido más favorable para su plena eficacia.*
>
> *Los actos que vulneren los derechos reconocidos en el presente título podrán serán objeto de recurso ante la jurisdicción correspondiente, de acuerdo con los procedimientos que establezcan las leyes procesales del Estado.*
>
> *Sin perjuicio de las garantías constitucionales, toda persona podrá dirigirse a la Diputación del Común en defensa de sus derechos por las posibles lesiones imputables a las administraciones públicas de Canarias.*

De una lectura detenida del artículo cabe entender que la invocación de la vulneración de los derechos reconocidos, más allá de la que pueda deducirse en cualquier proceso ordinario respecto a dicha vulneración por ser recogida en otros textos legales o la propia Constitución, requiere de la aprobación de un procedimiento especial por legislación estatal, dada la competencia exclusiva que posee el Estado al respecto en base a lo dispuesto en el artículo 149.1 6ª de la Constitución.

En cualquier caso, al amparo de lo dispuesto en el artículo 78 de la propia norma estatutaria en su apartado primero, corresponderá al Tribunal Superior de Justicia de Canarias la tutela de los derechos reconocidos en el Estatuto de Autonomía.

Finalmente, respecto a las garantías, también corresponde al Diputado del Común la tutela de los derechos recogidos en el Estatuto cuando fruto de la acción política o administrativa de las administraciones públicas canarias se vulneren tales derechos.

En cuanto a los principios rectores vienen expresados en el artículo 37 del Estatuto de Autonomía. Tales principios tienen como objetivo fundamental orientar las políticas públicas de los poderes públicos canarios, actuando en opinión de Risquete Fernández en un doble sentido pues, junto a la introducción y defensa de determinadas políticas económicas, sociales, culturales, etc., confluye otra finalidad no menos relevante: evitar políticas contrarias a dichos principios rectores[21].

Dentro de los principios rectores cabe hablar del fomento de la cohesión económica y territorial del archipiélago; Transparencia y buen gobierno de la gestión pública; Transversalidad incorporando perspectiva de género en políticas públicas; Erradicación de actitudes sexistas, xenófobas, racistas homófobas o bélicas; Educación en valores de igualdad, integración, solidaridad y paz; Promoción de Canarias como plataforma de paz y solidaridad; Políticas de transporte y comunicación basada en criterios de solidaridad; Fomento del ahorro energético y energías renovables; Políticas destinadas al Bienestar animal; Política económica y fiscal destinada a un crecimiento estable; Promoción del diálogo social con sindicatos y empresarios o el Fomento del sector agrícola, ganadero y pesquero, y así hasta una relación de treinta principios rectores que han de modular las políticas públicas desarrolladas por los poderes públicos canarios.

Si se atiende a los derechos y principios rectores enunciados en el articulado del Estatuto de Autonomía podemos advertir que una gran parte de ellos está vinculado a políticas prestacionales, y si atendemos a la actual distribución de competencias entre el Estado y las Comunidades Autónomas, el ejercicio de las propias políticas prestacionales está fundamentalmente atribuido a las Comunidades Autónomas. Como afirma el Catedrático de Derecho Constitucional Solozábal Echevarría, en España el Estado social ha adoptado una veste autonómica, pues son las Comunidades Autónomas, las que llevan a cabo las prestaciones propias de tal tipo político, hablemos sobre todo de la sanidad o la educación[22]. Desde esa perspectiva no resulta por tanto una anomalía sistemática la inserción de un catálogo de derechos y principios rectores en la norma estatutaria, atendido el desarrollo autonómico de distribución de competencias, mandatando al poder autonómico su cumplimiento y otorgando a los ciudadanos-administrados una herramienta normativa que le otorga herramientas para exigir por ejemplo en el marco de los derechos reconocidos su cumplimiento de conformidad a su desarrollo normativo.

---

21 José Luis Risquete Fernández. *El Estatuto de Autonomía de Canarias*. Thompson Reuters. Pág. 82.

22 Juan José Solozábal Echevarría. *Pensamiento federal español y otros estudios autonómicos*. Pág. 53.

2.1.3. Instituciones políticas de Canarias

Respecto a las Instituciones políticas reguladas por el nuevo Estatuto de Autonomía hay que decir que su estudio constituye el objeto principal de esta obra, por lo que tendrá su reflejo en el análisis pormenorizado de la misma.

No obstante conviene reseñar en qué consisten las principales novedades destacables de la nueva regulación estatutaria que se recoge en el Título II del Estatuto de Autonomía.

Como en toda Comunidad Autónoma, el Estatuto de Autonomía asume el modelo consagrado constitucionalmente y que recogía el Título I de la Ley 10/1982 en la redacción originaria de los artículos 7 a 28.

Básicamente, se reconducían al Parlamento, Gobierno y Presidente del Gobierno. Se hacía referencia en dicha redacción a los Cabildos insulares como órganos de gobierno de las islas y se enmarcaba dentro del Título la propia existencia del Tribunal Superior de Justicia como órgano que constituía la cúspide dentro de la organización judicial del territorio autonómicos.

Posteriormente a aquella redacción originaria se produjeron reformas-fundamentalmente la constituida por las Ley Orgánica 4/1996, que por ejemplo en el caso de los Cabildos introducía la figura de la Comisión General de los Cabildos Insulares, a través de la redacción del nuevo artículo 12 introducido por aquella reforma y lo elevaba a institución de la propia Comunidad Autónoma asumiendo la representación ordinaria del Gobierno y Administración autónoma en la isla, lo que determinaba el carácter bifronte de los Cabildos insulares en su doble condición de máximo órgano de gobierno insular e institución autonómica. Igualmente el artículo 14 de aquella reforma introducía la figura del Diputado del Común, que hoy es figura de relevancia estatutaria regulada en el artículo 57 de nuevo Estatuto de Autonomía. También el Consejo Consultivo de Canarias tenía su regulación en el artículo 44 introducido por aquella reforma, teniendo igualmente naturaleza de órgano de relevancia estatutaria en el nuevo cuerpo normativo. Finalmente, el apartado segundo del artículo 61 según redacción dada por la Ley Orgánica 4/1996 establecía la configuración de la Audiencia de Cuentas, dependiente del Parlamento de Canarias, cuya función consistía en fiscalizar la gestión financiera, económica y contable del sector público de la Comunidad Autónoma de Canarias y del resto de entes públicos de Canarias, y que hoy igualmente adquiere la condición de órgano de relevancia estatutaria por el artículo 59 del Estatuto. Finalmente el nuevo Estatuto de Autonomía introduce como órgano de relevancia estatutaria igualmente en su artículo 60 el Comisionado de Transparencia y Acceso a la Información Pública.

Aspecto novedoso del nuevo Estatuto de Autonomía es la supresión del requisito exigido por la anterior norma de que los Senadores designados por el Parlamento de Canarias en virtud de lo establecido en el artículo 69.5 CE debían formar parte del Parlamento de Canarias.

Igualmente destacable es la supresión de los aforamientos judiciales para los parlamentarios al igual que respecto a los miembros del Gobierno de Canarias, lo que sin duda constituye una novedad en el derecho autonómico comparado. Por tanto se elimina la competencia judicial para el enjuiciamiento y procesamiento de tales miembros ante la Sala de lo Penal del Tribunal Superior de Justicia, preservando dicho Tribunal la competencia judicial para conocer del procesamiento y enjuiciamiento de aquellas personas aforadas en virtud de lo dispuesto en el artículo 73 de la Ley Orgánica del Poder Judicial.

En cuanto a la regulación del proceso legislativo, la regulación de la delegación legislativa en el artículo 45 de la norma autonómica y del Decreto ley en el artículo 46 del Estatuto viene a completar el cuadro de instrumentos normativos de rango legal que poseen las instituciones canarias y cuya regulación abordaremos en el capítulo pertinente. De igual forma en el ámbito del proceso legislativo conviene resaltar la introducción novedosa de la iniciativa legislativa atribuida a los Ayuntamientos en base a lo dispuesto en el artículo 44.3 del Estatuto de Autonomía, para que cuando los ayuntamientos actúen agrupados con este fin y representando el porcentaje de población que se establezca puedan ejercer la iniciativa legislativa. Para ello se hace indispensable la reforma del Reglamento del Parlamento a fin de desarrollar esta previsión estatutaria haciendo posible este tipo de iniciativa legislativa, junto a las que ya poseen Diputados, Gobiernos, Cabildos Insulares y la ciudadanía a través de la iniciativa popular.

Respecto a la elección de los diputados autonómicos se reforma el sistema electoral que venía aplicándose y que se encontraba regulado a través de la Disposición Transitoria Primera del Estatuto de Autonomía aprobado por Ley Orgánica 10/1982, posteriormente modificado por la Ley Orgánica 4/1996. La modificación operada en el sistema de elección de representantes trata de compensar y corregir la falta de correlación y proporcionalidad entre número de votos y representación obtenida, fruto del principio de *triple paridad* introducido fundamentalmente en la reforma operada por la Ley Orgánica 4/1996, y que en la práctica vino también a preponderar la representación de opciones políticas cuyo respaldo en número de votos no se correlaciona con el porcentaje de representación obtenido en el órgano parlamentario. Sobre dicho sistema volveremos en el capítulo correspondiente para analizarlo más profundamente, pero básicamente lo que hace el legislador estatutario es aumentar el número de diputados hasta 70 con una corrección de número de representantes en base a la población de cada una de las islas e introducir una lista única, cuya circunscripción es todo el archipiélago canario.

Finalmente y en cuanto a las relaciones entre Parlamento y Gobierno conviene traer a colación la posibilidad de disolución anticipada del mismo, asumiendo de esta manera el mecanismo introducido por la mayoría de los Estatutos de Autonomía reformados a partir del año 2005. Dicha disolución anticipada corresponde según el artículo 56 del Estatuto de Autonomía adoptarla al propio Presidente del Gobierno, previa deliberación del Gobierno y bajo su exclusiva responsabilidad.

Capítulo III
Organización territorial de Canarias

3.1. Cabildos Insulares

En el Título III del Estatuto se regula más densamente que en la anterior norma, la organización territorial del ámbito autonómico. La norma estatutaria parte de la configuración de la isla y el municipio como los principales actores territoriales a través de los cuales se articula la organización territorial del archipiélago. Así es recogido por el propio artículo 64 del Estatuto de Autonomía, donde además se fijan los principios que cualquier norma autonómica debe tener en consideración cuando mediante la misma se atribuyan competencias a dichos entes territoriales, garantizándose la autonomía local reflejada constitucionalmente.

Respecto a las islas y territorios insulares, el artículo 65 de la norma estatutaria no recoge ningún aspecto novedoso, caracterizando a los Cabildos como Instituciones propias de la Comunidad Autónoma y como órganos de gobierno, administración y representación que no deja de ser reflejo de lo dispuesto en el artículo 41 de la Ley 7/1985 de Bases de Régimen Local.

Si constituye novedad la mención expresa de las distintas capitales insulares que se recogen en el artículo 66, si bien dicha mención no constituye mayor significación jurídica, salvo en opinión de Manuel Sarmiento Acosta –Catedrático de Derecho Administrativo de la Universidad de Las Palmas de Gran Canaria– que la de vincular de forma rígida la sede del Cabildo con la capitalidad insular[23].

---

23 Manuel Sarmiento Acosta. *El Estatuto de Autonomía de Canarias*. Thompson Reuters. Pág. 341.

Respecto a la organización de los cabildos insulares, la principal novedad estatutaria que trae su antecedente en el anterior artículo 23.3, radica en la existencia de órganos preceptivos o necesarios y que son:

a) El Pleno.

b) El Presidente.

c) Los Vicepresidentes.

d) El Consejo de Gobierno insular.

No obstante dicha previsión estatutaria no deja de ser reflejo de la redacción del artículo 50 de la Ley 8/2015 de 1 de abril de Cabildos Insulares, que ya establecía la necesariedad de dichos órganos en la configuración organizativa de los Cabildos Insulares.

En cuanto a las competencias del Pleno del Cabildo, que vienen igualmente definidas en el artículo 65 de la norma estatutaria, algunas ya tenían reflejo estatutario como la iniciativa legislativa o la aprobación de los presupuestos, incorporándose las relativas a exigencia de responsabilidad política y control del Consejo de Gobierno y la relativa a la aprobación de su reglamento orgánico que estaban reguladas y expresamente previstas en el artículo 53 de la Ley 8/2015 de Cabildos Insulares.

La principal novedad en cuanto a la regulación de los Cabildos Insulares puede estar en la redacción del artículo 68 que abre la puerta a que el legislador autonómico pueda regular la composición de cada Cabildo Insular, estableciendo el número de miembros así como las causas de inelegibilidad e incompatibilidad que puedan afectar a los mismos. No se hace referencia a la existencia de circunscripción electoral por lo que podría darse la circunstancia que dicha ley autonómica configurara un sistema electoral que estableciera una circunscripción distinta a la actual en el marco de lo establecido en la Ley Orgánica 5/1985 de Régimen Electoral General. En definitiva, la redacción del artículo establece la posibilidad de desplazar el régimen electoral desde la LOREG a una futura norma autonómica. En opinión de MANUEL SARMIENTO ACOSTA *especial mención se debe hacer de la regulación de la organización, composición y régimen electoral, que comporta atribuir al Parlamento de Canarias un mayor protagonismo, y definir un horizonte legislativo en el cual el régimen electoral se desplace de la LOREG a la Ley canaria aprobada por mayoría absoluta que prevé ahora el Estatuto*[24].

El artículo 70 del Estatuto de Autonomía regula las competencias de los Cabildos Insulares, lo cual no deja de ser reflejo de la previsión normativa contenida en el artículo 6 de la Ley 8/2015 de Cabildos Insulares que distingue entre las atribuidas como propias; las transferidas o delegadas por la Comunidad Autónoma y las que vienen determinadas en el marco de colaboración con el Gobierno de Canarias para la ejecución de los acuerdos adoptados por el mismo.

El apartado segundo del artículo 70 del Estatuto de Autonomía atribuye competencias a la institución insular en su condición de institución de la Comunidad Autónoma para el ejercicio de funciones ejecutivas de carácter insular sobre las siguientes materias:

a) Demarcaciones territoriales, alteración de términos y denominación oficial de los municipios.

b) Ordenación del territorio.

c) Carreteras, salvo las que se declaren de interés autonómico, en el marco de lo que disponga la legislación territorial canaria.

d) Transporte por carretera, por cable y ferrocarril.

e) Gestión de puertos de refugio y deportivos, salvo que se declaren de interés autonómico.

f) Turismo.

g) Ferias y mercados insulares.

h) Defensa del consumidor.

i) Asistencia social y servicios sociales.

j) Policía de vivienda. Conservación y administración del parque público de viviendas.

k) Las funciones propias de la Agencia de Extensión Agraria. Infraestructura rural de carácter insular. Granjas experimentales.

---

24 MANUEL SARMIENTO ACOSTA. *El Estatuto de Autonomía de Canarias*. Thompson Reuters. Pág. 362.

l) Campañas de saneamiento zoosanitario.

m) Servicios forestales, vías pecuarias y pastos.

n) Protección del medio ambiente.

o) Acuicultura y cultivos marinos.

p) Artesanía.

q) Cultura, deportes, ocio y esparcimiento. Patrimonio histórico-artístico insular. Museos, bibliotecas y archivos que no se reserve la Comunidad Autónoma.

r) Caza.

s) Residencias de estudiantes en la isla.

t) Espectáculos.

u) Actividades clasificadas.

v) Igualdad de género.

Para el profesor Carlos de la Concha Bergillos, este artículo 70 vendría a resultar confuso por cuanto considera que dichas competencias recogidas en el artículo 70.2 no dejan de ser simples títulos habilitantes. Considera *exactamente que las competencias del artículo 70.2 son en realidad títulos habilitantes como reiteradamente ha venido exponiendo, que el legislador autonómico habrá de utilizar para repartir funciones entre cabildos y ayuntamientos*[25].

El artículo 71 del Estatuto hace referencia a la posibilidad de los Cabildos Insulares de delegar o transferir el ejercicio de las funciones administrativas que le son propias en su condición de institución de la Comunidad Autónoma en favor de los Ayuntamientos.

De una lectura del artículo y habida cuenta que el Cabildo Insular tiene doble condición como administración local y administración autonómica, la redacción del artículo puede conducir a una notable confusión por considerar que únicamente aquellas competencias que le hayan sido previamente delegadas o transferidas por la Comunidad Autónoma o asumidas en virtud del título habilitante previsto en el artículo 71 puedan ser objeto de delegación o transferencia. Al respecto,

25 Carlos de la Concha Bergillos. *El Estatuto de Autonomía de Canarias*. Thompson Reuters. Pág. 367.

ha de decirse que la Ley 8/2015 en sus artículos 8 y siguientes atribuyes competencias propias a los Cabildos Insulares en su condición de órganos de gobierno, representación y administración de las islas por lo que quizá la redacción del artículo podría haber obviado la condición en virtud de la cual se produce la transferencia o delegación, a fin de evitar esa duda en torno a la delegación o transferencia de competencias propias.

En cuanto a la titularidad de actividades de fomento de los Cabildos Insulares, De la Concha Bergillos considera superflua e innecesaria la mención por cuanto las actividades de fomento en base a la doctrina administrativa no son propiamente competencias sino manifestación intrínseca de la titularidad de potestades administrativas y que junto a las potestades de policía y al servicio público en el sentido clásico permite a las Administraciones Públicas ejercer sus competencias .

El artículo 73 hace referencia a las facultades de coordinación que posee el Gobierno de Canarias respecto a la actividad de los Cabildos Insulares en cuanto afecte directamente al interés general de la Comunidad Autónoma de Canarias. Esta facultad de coordinación no deja de ser un mecanismo de tutela que pudiera en cierta medida afectar a la autonomía local constitucionalmente garantizada, de ahí que el legislador estatutario se apresure a especificar que dichas facultades se ejercerán respecto a aquellos asuntos que afecten a la propia Comunidad Autónoma, pero lo que más choca a quien escribe este estudio es la previsión estatutaria de una especie de mecanismo represivo por parte de la Administración Autonómica respecto a la Administración Insular cuando no atendiere debidamente los requerimientos, del mismo modo que está previsto en el artículo 60 de la Ley de Bases de Régimen Local y en el artículo 155 de la Constitución Española.

En este punto comparto de la tesis manifestada por el profesor De la Concha Bergillos en torno a la necesidad de promulgar una Ley Autonómica que desarrolle y clarifique los términos de aplicación de este precepto dada la vaguedad y generalidad del mismo, por cuanto además el artículo 59 de la Ley de Bases de Régimen Local remite a la Ley Autonómica la necesidad de precisar esas facultades de coordinación de los órganos de la Administración Local y que en el ámbito autonómico recaería sobre el consejo de gobierno de la Comunidad Autónoma[26].

---

26 Carlos de la Concha Bergillos. *El Estatuto de Autonomía de Canarias*. Thompson Reuters. Pág. 369.

Finalmente el artículo 74 del Estatuto de Autonomía recoge la figura de la Conferencia de Presidentes como foro institucional, sin que quede claro si se trata de un órgano administrativo con capacidad para emanar resoluciones y actos administrativos de obligado cumplimiento o si por el contrario se trata de un foro institucional con nula capacidad administrativa, quedando en el ámbito de la toma de decisiones o acuerdos políticos su constreñido límite de actuación. El inciso final referido a la posibilidad de incorporar los acuerdos que en el seno del mismo se adopten a los correspondientes ámbitos institucionales de la Comunidad Autónoma y las islas hace pensar que su vocación es la de fijar políticas comunes en base a cuestiones de interés general y común para las islas y la Comunidad Autónoma.

Resulta en su configuración un foro similar a la Conferencia de Presidentes Autonómicos que alumbró el primer Gobierno de José Luis Rodríguez Zapatero y que culminó con la previsión normativa contenida en el artículo 146 de la Ley 40/2015 de Régimen Jurídico del Sector Público.

Tomando como referencia ese órgano espejo que es la Conferencia de Presidentes Autonómicos y la caracterización que para Javier Tajadura Tejada posee dicha Conferencia, *podemos concebir la Conferencia de Presidentes de Cabildos Insulares como una institución de naturaleza estrictamente política, situándonos ante un órgano cuya función esencial va a ser el debate y la deliberación de problemas con el objeto de adoptar acuerdos sobre los mismos, pero no la adopción de decisiones jurídicamente vinculantes*[27].

En mi opinión desde luego cabe considerar un acierto la previsión estatutaria del órgano, pudiendo constituir un instrumento cooperativo eficiente que contribuya a fomentar la participación de las instituciones insulares en los problemas que les afecten desde una perspectiva autonómica, fomentando además la cooperación horizontal entre las mismas.

3.2. Municipios canarios

Antes de adentrarnos en la regulación estatutaria conviene caracterizar las relaciones entre Estatuto de Autonomía y la legislación básica local que en opinión de Solozábal

27 Javier Tajadura Tejada. "La Conferencia de Presidentes: origen, evolución y perspectivas de reforma". *Revista Uned*. Número 101. Pág. 556.

Echevarría, *han de entenderse de acuerdo con el principio de competencia, como corresponde a las relaciones interordinamentales, en las que no puede jugar el principio de jerarquía, a observar dentro de cada ordenamiento, salvo para asegurar la primacía constitucional. Lo que quiere decir que el Estatuto de Autonomía desplaza normalmente la legislación básica del Estado (fuerza activa) y resiste a la misma en el futuro (fuerza activa). Por tanto la regulación estatutaria no ha de atenerse a la legislación básica del Estado, siempre que se trate de una actuación constitucional. La subordinación estatutaria se produce exclusivamente respecto de la Constitución*[28].

Sentada la premisa anterior, la redacción del artículo 75 del Estatuto de Autonomía viene a refrendar la conceptuación del municipio como entidad local básica de Canarias que goza de autonomía plena para el ejercicio de sus competencias en el marco de la legislación básica del Estado y la legislación autonómica. Recuérdese en este punto que ya previa a la aprobación del Estatuto que es objeto de estudio el ordenamiento jurídico autonómico se dotó de una ley de municipios propia que se plasmó en la Ley 7/2015 de municipios de Canarias.

Fruto de esta propia capacidad de innovación del ordenamiento que tienen los Estatutos de Autonomía, el artículo 75 en su apartado quinto, que es fiel reflejo del artículo 84 del Estatuto de Autonomía de Cataluña o el artículo 92 del Estatuto de Autonomía de Andalucía, regula una serie de materias sobre las que tiene competencia el municipio que trascienden las ya previstas por el artículo 25.2 de la Ley 7/1985 de Bases de Régimen Local. En concreto establece las siguientes materias objeto de competencias:

a) Consumo.

b) Cultura.

c) Deportes.

d) Educación.

e) Empleo.

f) Juventud.

g) Medio ambiente.

h) Urbanismo.

---

28 Juan José Solozábal Echevarría. *Pensamiento federal español y otros estudios autonómicos*. Pág. 188.

i) Patrimonio histórico.

j) Igualdad de género.

k) Protección civil y seguridad ciudadana.

l) Sanidad y servicios sociales.

m) Transporte.

n) Turismo.

o) Vivienda.

p) Actividades clasificadas y espectáculos públicos.

En este punto coincide el autor con la opinión expresada por Luis Fernando Prieto González –Profesor de Derecho Administrativo de la Universidad de La Laguna– en que dicha previsión competencial se entiende en el marco establecido por la Constitución Española, *cuyos términos ha precisado la Sentencia del Tribunal Constitucional 31/2010, de 28 de junio, es decir, que esta previsión estatutaria está dirigida al legislador autonómico, y por consiguiente ha de entenderse que las materias sobre las que, según el precepto, los gobiernos locales han de tener en todo caso materias de competencia autonómica, sin que en modo alguno sustituya ni desplace a los principios o bases que dice el Estado sobre las competencias locales en el ejercicio de la competencia exclusiva que le viene atribuida por el 149.118 de la Constitución Española tal como ya se había señalado también en la STC 214/1989, de 21 de diciembre*[29].

Finalmente, el artículo 76 prevé la figura del Consejo Municipal de Canarias como órgano de participación y colaboración de la Administración de la Comunidad Autónoma de Canarias y los ayuntamientos canarios, teniendo como función primordial a tenor de la previsión estatutaria el canalizar el parecer de los ayuntamientos en las iniciativas legislativas que afecten de forma específica a su organización y competencias, dejando su composición, organización y funciones a un posterior desarrollo legislativo mediante ley autonómica.

No obstante la Disposición Adicional Quinta de la Ley 7/2015 de Municipios Canarios ya establecía la creación de este órgano y desarrollaba una sucinta organización del mismo y que ha culminado con la aprobación mediante

---

29 Luis Fernando Prieto González. *El Estatuto de Autonomía de Canarias*. Thompson Reuters. Pág. 379.

Decreto 160/2016 del Reglamento de Organización y Funcionamiento del mismo que ha desarrollado de forma más pormenorizada su composición, organización y funciones.

En cualquier caso, la previsión estatutaria y la regulación contenida en el Estatuto relativa a los municipios canarios suponen un refuerzo significativo de la autonomía local al incluir en el bloque de la constitucionalidad garantías no contempladas ni constitucionalmente ni en la legislación básica local.

Capítulo IV
De la Administración de Justicia de Canarias

4.1. Introducción y cuestiones novedosas de la nueva regulación

Nuestra Constitución en su artículo 117 establece en sus apartados tercero y quinto que "el ejercicio de la potestad jurisdiccional en todo tipo de procesos, juzgando y haciendo ejecutar lo juzgado, corresponde exclusivamente a los Juzgados y Tribunales determinados por las Leyes, según las normas de competencia y procedimiento que las mismas establezcan" y que el principio de unidad jurisdiccional es la base de la organización y funcionamiento de los Tribunales. Ello unido al tenor literal de lo dispuesto en el artículo 152 en lo que concierne a articulación de la organización judicial dentro del ámbito autonómico no puede conducir a otra cosa que no sea entender la existencia de un poder judicial único dentro de nuestro sistema político territorial.

Ello no significa que existan circunstancias que atemperen esa aparente consideración unitaria y absoluta de lo que ha de entenderse por poder judicial, fundamentalmente porque en ese sentido podría ahondarse de acuerdo a la competencia exclusiva que el artículo 149.5 del texto constitucional atribuye al Estado en materia de Administración de Justicia como tuvimos ocasión de referir con anterioridad.

En primer lugar y en lo que respecta a la propia aplicación e interpretación del derecho por los Jueces y Tribunales, el artículo 123 de la Constitución, en coherencia con lo establecido en los artículos 117 y 152 establece que "el Tribunal Supremo, con jurisdicción en toda España, es el órgano jurisdiccional superior en todos los órdenes, salvo lo dispuesto en materia de garantías constitucionales". Sin embargo, en coherencia con el modelo descentralizado de poder político existen excepciones aconsejables perfectamente justificables dado que como manifiesta el profesor MURILLO DE LA CUEVA en el seno del ordenamiento jurídico coexisten un ordenamiento jurídico estatal y ordenamientos jurídicos territoriales de carácter autonómico, lo que permite que la tarea unificadora de interpretación de la Ley pueda ser desempeñada por órganos diferentes, lo que se ha plasmado en que tanto la Ley Orgánica del Poder Judicial como los Estatutos de Autonomía y leyes procesales hayan confiado esa tarea a los Tribunales Superiores de Justicia, correspondiendo a los mismos el conocimiento de los recursos de casación y revisión en materia de derecho Civil Foral o especial allí donde exista[30].

De igual modo, el Derecho propio de cada Comunidad Autónoma, es decir el proveniente de fuentes normativas propias y aplicado por la administración pública autonómica, será interpretado por el Tribunal Superior de Justicia que culmina la organización territorial de la Comunidad Autónoma de conformidad a lo dispuesto en los artículos 99 y 101 de la Ley 13/ 1998 de Jurisdicción Contencioso Administrativa mediante los recursos de casación para unificación de doctrina o en interés de ley cuando se funden única y exclusivamente en normas de derecho autonómico.

Como dice el profesor MURILLO DE LA CUEVA esa pluralidad de voces (referidas a la dualidad Tribunal Supremo/Tribunales Superiores de Justicia) no es disfuncional con la unidad del Poder Judicial ni con el tipo de jerarquía que en él existe: simplemente responde a la realidad de la pluralidad ordinamental[31].

El otro aspecto que relativiza la "estatalización" de lo referido a Poder Judicial o Administración de Justicia se encuentra en la gestión de medios materiales y humanos pues como dice el profesor Rodríguez Zapata "si se partiera de una concepción amplia del concepto de "Administración de Justicia", identificándolo sin más con el contenido de la materia reservada al Estado, existiría "razona la S.T.C. 62/1990" una clara oposición entre Estatutos de Autonomía y Constitución, pues mientras que ésta reserva en exclusiva una materia al Estado, aquéllos, mediante la subrogación, asumen compe-

30 MURILLO DE LA CUEVA, PABLO LUCAS. (2000) "El Poder Judicial en el Estado Autómico". UNED. Teoría y Realidad Constitucional. Número 5, 1° semestre 2000. Pág. 95.

31 MURILLO DE LA CUEVA, PABLO LUCAS. (2000). "El Poder Judicial..." *op. cit.* Pág. 95.

tencias que les estarían vedadas. Por ello es necesario "concluye" buscar un camino que dé coherencia al bloque de constitucionalidad en este terreno, salvando la aparente contradicción existente entre los Estatutos y la Constitución[32]".

Encuentra el Tribunal Constitucional este camino diferenciando "Administración de Justicia" y "administración de la Administración de Justicia".

Por "Administración de Justicia" entiende el Tribunal los dos primeros aspectos enunciados más arriba. Afirma, en efecto, que una cosa es la función jurisdiccional propiamente dicha, y la ordenación de los elementos unidos intrínsecamente a la determinación de la independencia con que dicha función debe desarrollarse (Administración de justicia en sentido estricto) y otra todo lo relacionado con los medios personales y materiales que sirven de ayuda o auxilio para el ejercicio de la función jurisdiccional (administración de la Administración de justicia). En base a ello son varias las Comunidades Autónomas que han asumido las competencias en materia de gestión de medios materiales y humanos en lo que se refiere a la administración de justicia configurándose una "Administración de Justicia autonómica" donde los funcionarios de justicia forman parte de dicha administración autonómica a excepción de Jueces, Fiscales y Secretarios Judiciales y con independencia de la existencia de movilidad dentro de todo el territorio nacional de los funcionarios judiciales en base a la existencia de bases comunes de acceso a la función pública en el ámbito de la Administración de Justicia[33].

Los artículos 77 a 93 del Nuevo Estatuto de Canarias vienen a sustituir la anterior regulación estatutaria contenida en los artículos 24 a 28 de la Ley Orgánica 10/1982, y por tanto aborda de una forma más extensa todo lo relativo a la Administración de Justicia en el ámbito autonómico canario. Destaca como novedad la creación del Consejo de Justicia de Canarias, que viene a ser una réplica del denominado Consejo de Justicia de Cataluña que el Tribunal Constitucional en sentencia 31/2010 anuló, declarando el mismo inconstitucional en los términos planteados.

Los artículos 82 y 83 del Estatuto de Autonomía, reproduciendo la creación del órgano intentan y a juicio de este

---

32 Rodríguez-Zapata Pérez, Jorge.(1999). *Comentarios a la Constitución Española... op. cit.* Págs. 22-23.

33 Juan Manuel Verdugo Muñoz. *La asimetría de las Ciudades Autónomas de Ceuta Melilla*. UNED. 2012. Pág. 168.

autor lo consiguen salvar la eventual tacha de inconstitucionalidad acomodando la funcionalidad del órgano a lo que establezca la Ley Orgánica del Poder Judicial. Piénsese que en la STC 31/2010 el fundamento de inconstitucionalidad en torno a la controvertida figura se basa en la invasión de la Ley Orgánica 6/1985 del Poder Judicial como instrumento ordenador del gobierno del poder judicial y en la vulneración de los artículos 122.2 y 149.15 de la Constitución Española. Sin embargo la sentencia no declara la inconstitucionalidad de todo lo relativo a las funciones de dicho órgano, sino a las de aquellas en que actúa como órgano propio del Poder Judicial en Cataluña, que actúa como desconcentrado del Consejo General del Poder Judicial con competencias de naturaleza gubernativas, que alcanzan la aplicación de derecho disciplinario, adscripción de jueces o nombramientos judiciales en el ámbito territorial autonómico, caracterizando una especie de poder judicial propio.

Hay que pensar que en materia de justicia, en nuestro ordenamiento jurídico se parte de la idea de unidad jurisdiccional contenida en el artículo 117.5 de nuestra Constitución, confluyendo en dicho postulado o idea los preceptos también constitucionales 122.1, 123.1, 152.1 y 149.1 5° y 6°. Dicha idea ha sido interpretada constitucionalmente por las Sentencias TC 3/1982, STC56/1990, STC 62/1990 y finalmente STC31/2010, conduciendo en opinión de José Ángel Marín a una conclusión clara, consistente en afirmar que las Comunidades Autónomas no disponen de un poder judicial propio y los órganos jurisdiccionales radicados en el territorio de la Comunidad Autónoma no se erigen como un órgano autonómico más, dado que la organización judicial es puramente estatal. Así, para dicho autor si el Tribunal Supremo permanece como cúspide del organigrama judicial en todos los órdenes, salvo lo dispuesto en materia de garantías constitucionales, si la jurisdicción del Tribunal Supremo comprende a todo el territorio nacional y los efectos de sus decisiones obedecen a la unidad de la jurisprudencia (STC 144/1988 en relación con el artículo 123 CE), no cabe más que concluir que el principio de unidad constitucional rige *ex constitutione* y determina el carácter exclusivo de las competencias del Estado en materia de Administración de Justicia de conformidad a lo dispuesto en el artículo 149.1 5°[34].

---

34 Editorial Cortes Generales. José Ángel Marín. *Estudios sobre la Constitución* Española. Homenaje a Jordi Solé Tura. Territorializar la justicia en España. Pág. 1705.

Partiendo de dicha tesis es evidente que el marco normativo en que puede desplazarse el poder estatutario se constriñe a los límites que la propia Constitución delimita y se residencian en una especie de competencia sobre la administración de la Administración de Justicia, que es reafirmada en la sentencia que el Alto Tribunal dictó en el marco del recurso de inconstitucionalidad contra el Estatuto de Cataluña.

En esos términos y desde esa premisa cabe explicar y entender el artículo 77.1 del Estatuto de Autonomía cuando hace referencia a la extensión de la competencia de los órganos judiciales en Canarias en todos los órdenes jurisdiccionales e instancias que establece la Ley Orgánica del Poder Judicial y las leyes procesales del Estado.

El apartado segundo del mismo precepto establece que en las materias de derecho propio de la Comunidad Autónoma de Canarias la competencia se extiende a todas las instancias y grados, incluidos, en su caso, el recurso de casación y el de revisión, en los términos en que determinen las leyes procesales del Estado. Se trata por tanto de una previsión que es reproducción de otros Estatutos de Autonomía y de la previsión normativa prevista en el articulado de la Ley Orgánica del Poder Judicial y que adquiere mayor relevancia en aquellos territorios históricos que poseen derecho foral y material propio.

4.2. Del Tribunal Superior de Justicia

El artículo 78 del Estatuto de Autonomía regula el Tribunal Superior de Justicia, concibiendo el mismo como el órgano judicial que culmina la organización judicial en Canarias sin perjuicio de la jurisdicción que corresponde al Tribunal Supremo. Al respecto cabe decir que el constituyente únicamente previó la configuración del Tribunal Superior de Justicia respecto a las Comunidades históricas, pues la previsión contenida en el artículo 152 del texto constitucional estaba vinculada a aquellas comunidades autónomas que accedieran a la autonomía por la vía del artículo 151 del mismo cuerpo constitucional –esto es nacionalidades denominadas históricas–, y no es hasta la aprobación de la Ley Orgánica 6/1985 del Poder Judicial cuando surge definitivamente la figura del Tribunal Superior de Justicia, extensible a todos los territorios autonómicos, sustituyendo a las antiguas Audiencias Territoriales. Por tanto podríamos pensar que esa asimetría que surge del artículo 2 de la Constitución Española cuando habla de nacionalidades y regiones se traslada incluso hasta los contornos del poder judicial, pues nada hubiera impedido constitucionalmente que aquellas comunidades históricas que accedieron vía artículo 151 CE pudieran haberse dotado de un órgano judicial distinto al resto de comunidades autónomas que accedieron a la autonomía fundamentalmente a través de la vía prevista en el artículo 143 de la Constitución.

El Tribunal Superior de Justicia es concebido como última instancia jurisdiccional de todos los procesos judiciales seguidos ante los órganos judiciales competentes de Canarias, así como de todos los recursos que se tramiten en su ámbito territorial, sea cual fuere el derecho invocado como aplicable, de acuerdo con la Ley Orgánica del Poder Judicial y sin perjuicio de la competencia reservada al Tribunal Supremo, correspondiendo en exclusiva la unificación de la interpretación del derecho propio de Canarias, así como la resolución de los recursos extraordinarios de revisión que autorice la ley contra las resoluciones firmes dictadas por los órganos judiciales de Canarias.

Uno de los aspectos clave de la reforma estatutaria e íntimamente vinculada con la configuración de derechos estatutarios recogidos en el Título I es la previsión estatutaria de reconocer la competencia para tutelar tales derechos al Tribunal Superior de Justicia de Canarias, si bien no hemos de obviar que la materialización de dicha competencia requiere de una previa aprobación de la norma procesal que regule dicho procedimiento especial de tutela y dicha competencia es exclusiva del Estado de conformidad a lo dispuesto en el artículo 149.1.6º CE.

Por otra parte no conviene olvidar que el actual Estatuto de Autonomía suprime los aforamientos previstos expresamente en los derogados artículos 10.3 del anterior Estatuto y 19.2 del mismo texto normativo, que atribuía la competencia para conocer de los causas penales contra parlamentarios y miembros del Consejo de Gobierno al Tribunal Superior de Justicia de Canarias. Dicha previsión de aforamiento traía su base en el artículo 73.3 de la Ley Orgánica del Poder Judicial que atribuía a la Sala de lo Penal de los Tribunales Superiores de Justicia el conocimiento de las causas penales que los Estatutos de Autonomía reservan al conocimiento de éstos. Pero el aforamiento no abarcaba únicamente las causas penales que pudieran sustanciarse en territorio autonómico, fruto de la regla atributiva de competencia objetiva, dado que ambos preceptos ampliaban la regla de competencia a la Sala de lo Penal del Tribunal Supremo cuando el conocimiento de la inculpación, prisión, procesamiento o enjuiciamiento debiera residenciarse fuera de territorio autonómico. Dicho aforamiento decae igualmente con la redacción contenida en el nuevo Estatuto de Autonomía.

Hay que reseñar tal y como recuerda ALICIA GONZÁLEZ NAVARRO, que esta supresión de los aforamientos no estaba prevista en desde un primer momento en la Propuesta de Estatuto de Autonomía presentada por el Parlamento de Canarias, a lo largo de la tramitación parlamentaria y como consecuencia de la aceptación de dos enmiendas presentadas en el Congreso de los Diputados, se procedió a la supresión de esta prerrogativa, originariamente previstas en los artículos 38.3 y 49.3 de la Propuesta de Estatuto[35].

Si bien tal y como destaca la misma autora se echa en falta que en el nuevo Estatuto de Autonomía se hubiera contemplado una disposición transitoria a fin de resolver aquellos asuntos penales respecto a sujetos aforados cuya pendencia fuere anterior a la aprobación del Estatuto de Autonomía, lo que obliga a acudir a los principios informadores de la aplicación de las normas procesales en el tiempo y dado el silencio que al respecto ofrece la Ley de Enjuiciamiento Criminal habría que acudir a la regulación que ofrece el artículo 2 de la Ley de Enjuiciamiento Civil, aplicable supletoriamente en virtud de lo dispuesto en el artículo 4 del mismo texto, y que impide aplicar retroactivamente las leyes procesales, concluyendo ALICIA GONZÁLEZ NAVARRO que la nueva norma procesal no puede aplicarse a aquellos procesos que ya estén pendientes en el momento de su entrada en vigor, siendo, por el contrario, de aplicación en aquellos otros procesos que se inicien tras la entrada en vigor de la reforma[36].

El órgano tiene su sede en Las Palmas de Gran Canaria, estableciéndose en Santa Cruz de Tenerife las salas necesarias para el adecuado funcionamiento del mismo.

De conformidad a lo dispuesto en el artículo 79 del Estatuto de Autonomía estará al frente de dicho órgano el Presidente, que será nombrado por el Rey, a propuesta del Con-

35 ALICIA GONZÁLEZ NARRO. *El Estatuto de Autonomía de Canarias*. Thompson Reuters. Pág. 393.

36 ALICIA GONZÁLEZ NARRO. *El Estatuto de Autonomía de Canarias*. Thompson Reuters. Pág. 395.

sejo General del Poder Judicial en el marco de lo dispuesto en la Ley Orgánica del Poder Judicial y que asumirá la representación del poder judicial en el territorio de la Comunidad Autónoma. Dicho precepto viene a reproducir la previsión legislativa contenida en el artículo 161 de la Ley Orgánica del Poder Judicial, cuya desarrollo más pormenorizado en cuanto a nombramiento se refleja en la redacción del artículo 336 del mismo cuerpo legal.

4.3. El Fiscal del Tribunal Superior de Canarias

No es pacífica la doctrina en torno a la procedencia de incluir esta figura dentro del Estatuto de Autonomía, por cuanto el Ministerio Fiscal es en esencia un órgano no integrado en la organización judicial tal y como recuerda el artículo 35.2 del Estatuto de Autonomía de Valencia, modificado por Ley Orgánica 1/2006, al advertir que su funcionamiento depende en exclusiva del Estado. El Estatuto de Canarias opta por reproducir la redacción del artículo 96 del Estatuto de Autonomía de Cataluña, incluyendo su figura dentro de la redacción del Estatuto.

A mi juicio existen argumentos para considerar oportuna su inclusión, por cuanto no hay que obviar que la Comunidad Autónoma posee competencias en materia de medios materiales y personales de la Administración de Justicia y el Ministerio Fiscal en su funcionamiento requiere del soporte material y personal de recursos de dicha Administración. A mayor abundamiento el propio artículo 36 del Estatuto Orgánico del Ministerio Fiscal, aprobado por Ley 50/1981 y posteriormente reformado por Ley 24/2007 prevé que en el supuesto de que el Estatuto de Autonomía prevea la existencia de un Consejo de Justicia Autonómico, éste deberá ser oído necesariamente y con carácter previo al nombramiento del Fiscal Superior del Tribunal Superior de Justicia por el Gobierno, a propuesta del Fiscal General del Estado. Por tanto, la propia norma orgánica que regula el Ministerio Fiscal ya contempla la posibilidad de intervención de un órgano creado *ex novo* por el respectivo Estatuto, lo que justifica la inclusión de la figura dentro del articulado del Estatuto de Autonomía.

4.4. El Consejo de Justicia de Canarias

Al comenzar este capítulo ya tuve oportunidad de reflexionar sobre la creación de este órgano creado *ex novo* por la norma estatutaria en cuanto a su oportunidad y justificación constitucional, tras la sentencia 31/2010 dictada por el Tribunal Constitucional en relación a la impugnación del Estatuto de Autonomía de Cataluña.

Por tanto, en este apartado únicamente cabe reseñar que tanto la composición como designación de los miembros que lo componen quedan subordinadas a lo que pueda establecer la Ley Orgánica del Poder Judicial, que requerirá para ello una reforma que aborde tales extremos, si bien es destacable que el artículo 83 en su apartado primero reserva al Parlamento de Canarias la designación de aquellos miembros que pueda establecer la Ley Orgánica del Poder Judicial. En cuanto a las funciones del Consejo se circunscriben a las atribuidas por la Ley Orgánica del Poder Judicial, las previstas en el Estatuto, las que puedan atribuirles las leyes alumbradas en el Parlamento de Canarias y las que puedan ejercer por delegación del Consejo General del Poder Judicial.

No obstante, esta previsión genérica de atribuciones el apartado tercero del Estatuto de Autonomía es más exhaustivo y en relación a los órganos judiciales situados en su territorio le atribuye las siguientes funciones:

a) Ser oídos en la planificación de la inspección de los tribunales y juzgados de Canarias.

b) Informar cuando sea requerido sobre los recursos de alzada interpuestos contra los acuerdos de los órganos de Gobierno de los tribunales y juzgados de Canarias.

c) Aplicar los reglamentos del Consejo General del Poder Judicial.

d) Informar sobre las propuestas de revisión, delimitación y modificación de las demarcaciones territoriales de los órganos judiciales y sobre las propuestas de creación de secciones y juzgados.

e) Presentar una memoria anual al Parlamento sobre el estado y el funcionamiento de la Administración de Justicia en Canarias.

f) Todas las funciones que le atribuyan la Ley Orgánica del Poder Judicial y las leyes del Parlamento de Canarias, y las que le delegue el Consejo General del Poder Judicial.

Finalmente el artículo 84 del Estatuto de Autonomía, en cuanto al control de los actos dictados por el Consejo de Justicia, prevé que aquellos que no resulten impugnables en alzada ante el Consejo General del Poder Judicial, puedan ser impugnados jurisdiccionalmente en los términos que establezcan las leyes procesales, estableciéndose por tanto una suerte de categoría de actos que pudieran poner fin a la vía administrativa dentro del ámbito de competencias del órgano, no tutelables por el propio Consejo General del Poder Judicial.

4.5. Competencias de la Comunidad Autónoma sobre la Administración de Justicia

La regulación anterior contenida en los artículo 28 y 29 del Estatuto aprobado por Ley Orgánica 10/1982 y posteriormente modificado por Ley Orgánica 4/1996 de 30 de diciembre, era más parca que la contemplada en el presente Estatuto. Conviene recordar que la Comunidad Autónoma de Canarias recibió los traspasos de competencias en materia de medios materiales, económicos y personales a través de los Reales Decretos 2462/1996 y 2463/1996 de 2 de diciembre y que hoy ven reflejada su concreción estatutaria en los artículo 87 y 88 de la nueva norma.

4.5.1. Aspectos generales

Dicho esto, sobre lo que volveremos con posterioridad, las principales cuestiones reflejadas en los artículos 85 y 86 del Estatuto de Autonomía son:

a) El ejercicio de facultades que la Ley Orgánica atribuye al Gobierno del Estado, lo cual en opinión de José Manuel Pérez Ramos no deja de ser una cláusula subrogatoria que pudiera tener sentido con carácter previo a la publicación de la Ley Orgánica del Poder Judicial, por tratarse de una simple remisión[37].

b) Informar sobre las demarcaciones territoriales de los órganos judiciales de Canarias en coherencia con lo dispuesto con el artículo 35 de la Ley 6/1985 Orgánica del Poder Judicial que atribuye a las Comunidades Autónomas la posibilidad de participar en la organización de la demarcación judicial de sus territorios res-

---

37 Juan Manuel Pérez Ramos. *El Estatuto de Autonomía de Canarias*. Thompson Reuters. Pág. 428.

pectivos, remitiendo al Gobierno, a solicitud de éste, una propuesta de la misma en la que fijarán los partidos judiciales.

c) Informar sobre la fijación de la capitalidad de los órganos judiciales, atendiendo a peculiaridades geográficas derivadas de la insularidad, densidad poblacional y cercanía a poblaciones turísticas. Al respecto ha de recordarse que respecto a la fijación de la capitalidad del Tribunal Superior de Justicia la competencia corresponde a la Comunidad Autónoma en virtud de lo dispuesto en el artículo 7.1 de la Ley 38/1988 de Demarcación y Planta Judicial que establece que la capitalidad de los Tribunales Superiores de Justicia tendrá su sede en la ciudad que establezca el respectivo Estatuto de Autonomía y en caso de silencio al respecto donde tuviere su sede la Audiencia Territorial existente en el momento de entrada en vigor de la norma de demarcación y planta. En virtud de dicha previsión el Estatuto de Autonomía fija la capitalidad en el artículo 78.5 del Estatuto de Autonomía en las Palmas de Gran Canaria.

d) Extender el principio de solidaridad a las exigencias derivadas del hecho insular, de manera que la estructura orgánico-funcional de la Administración de Justicia responda

e) Eficazmente a las necesidades de un territorio fragmentado y distante de la península[38].

f) La facultad conferida al Gobierno de Canarias para proponer tanto al Gobierno del Estado como al Consejo General del Poder Judicial la convocatoria de oposiciones y concursos para cubrir las plazas vacantes de magistrados, jueces y fiscales en Canarias. Ello en consonancia con el fundamento jurídico séptimo de la STC 158/1992 que viene a reafirmar la titularidad de la competencia del Estado para proceder a tales convocatorias, sin que resulte óbice para ello la necesidad de ejercer la competencia obviando o al margen de la competencia que corresponde a las comunidades autónomas de instar o proponer las mismas.

38 Bosch Benítez. O. *Derecho Público de Canarias*. 2006. Ed. Thomson Civitas.

4.5.2. Competencias sobre medios personales y materiales

El artículo 87 del Estatuto de Autonomía regula las competencias que la Comunidad Autónoma tiene respecto al personal no judicial, respetando el estatuto personal del mismo contenido en la Ley Orgánica del Poder Judicial y que se concretan en cuanto a la potestad regulatoria en:

a) La formación inicial y la formación continuada.

b) El régimen de retribuciones complementarias variables.

c) La jornada laboral y el horario de trabajo.

d) La ordenación de la actividad profesional.

e) El registro de personal.

Al respecto debemos entender que dicha potestad regulatoria es una competencia normativa en principio no legislativa, sino de naturaleza reglamentaria. En opinión de Pérez Ramos, basándose en el sentido de las STC 56/1990 y STC 31/2010 dicha competencia normativa debiera ser de naturaleza reglamentaria y no legislativa por no contravenir lo dispuesto en el artículo 471 de la Ley Orgánica del Poder Judicial[39].

En concreto, dicho artículo en su apartado segundo establece que el Gobierno o, en su caso, las comunidades autónomas con competencias en la materia, aprobarán los reglamentos que exija el desarrollo de lo contenido en la Ley respecto a los Cuerpos Generales y Especiales de la Administración de Justicia.

En el apartado dos del mismo precepto regula la competencia ejecutiva y de gestión sobre el personal no judicial, incluyendo:

a) Elaborar y aprobar las relaciones iniciales de puestos de trabajo.

b) Proponer la Oferta Pública de Empleo de su ámbito competencial.

c) Impartir la formación inicial y continuada.

d) Convocar y resolver los procedimientos de provisión de puestos de trabajo de su ámbito.

---

39 Juan Manuel Pérez Ramos. *El Estatuto de Autonomía de Canarias*. Thompson Reuters. Pág. 428.

e) Gestionar el Registro de Personal, coordinado con el estatal.

f) Efectuar la gestión de este personal en aplicación de su régimen estatutario y retributivo.

g) Ejercer la potestad disciplinaria e imponer las sanciones que proceda, salvo la separación del servicio.

h) Ejercer todas las demás funciones que sean necesarias para garantizar una gestión eficaz y eficiente de los recursos humanos al servicio de la Administración de Justicia.

Respecto a esta regulación, considero que quizá hubiera sido conveniente especificar dentro del articulado cuáles son los concretos cuerpos de la Administración de Justicia afectados por la regulación estatutaria, dado que el artículo resulta aplicable a los cuerpos generales de la Administración de Justicia, esto es Cuerpos de Gestión Procesal y Administrativa, Tramitación Procesal y Administrativa y Auxilio Judicial, y a los cuerpos especiales, entre los que están Médicos Forenses, Facultativos del Instituto Nacional de Toxicología, Técnicos Especialistas del Instituto Nacional de Toxicología y Ayudantes de Laboratorio del Instituto, como cuerpos que comprendidos dentro del personal no judicial o jurisdiccional y que son destinatarios de la previsión estatutaria, pero no hay que obviar la existencia del Cuerpo de Letrados de la Administración de Justicia, otrora Secretarios Judiciales, que son personal no judicial y cuya dependencia orgánica y funcional es plena del Ministerio de Justicia, sin que la Comunidad Autónoma ostente competencias al respecto.

Finalmente en materia de medios personales el Estatuto atribuye competencias a la Comunidad Autónoma sobre el personal laboral al servicio de la Administración de Justicia, sin perjuicio de la competencia del Estado sobre la Administración de Justicia y la legislación laboral.

En materia de medios materiales el artículo 88 atribuye a las Comunidad Autónoma las siguientes facultades:

a) La construcción y la reforma de los edificios judiciales y de la fiscalía.

b) La provisión de bienes muebles y servicios para las dependencias judiciales y fiscales.

c) La configuración, la implantación y el mantenimiento de sistemas informáticos y de comunicación, sin perjuicio de las competencias de coordinación y homologación que corresponden al Estado para garantizar la compatibilidad del sistema.

d) La gestión y la custodia de los archivos, de las piezas de convicción y de los efectos intervenidos, de acuerdo con las leyes.

e) La participación en la gestión de las cuentas de depósitos y consignaciones judiciales y de sus rendimientos, teniendo en cuenta el volumen de la actividad judicial desarrollada en la Comunidad Autónoma y el coste efectivo de los servicios.

f) La gestión, la liquidación y la recaudación de las tasas judiciales que establezca la Comunidad Autónoma de Canarias, en el ámbito de sus competencias sobre Administración de Justicia.

4.5.3. Competencias sobre la Oficina Judicial

El nuevo modelo de Oficina Judicial es introducido por la Ley Orgánica 19/2003 de 23 de diciembre, de modificación de la Ley Orgánica del Poder Judicial y tenía como objetivo acabar con el modelo decimonónico de oficina de personal no judicial vinculada a un juzgado, para adentrarse en un modelo más moderno y versátil articulado a través de unidades procesales de apoyo directo al Juzgador y servicios comunes procesales bajo la dirección de uno o varios Letrados de la Administración de Justicia. El éxito de ese nuevo modelo de oficina judicial en un Estado compuesto como el nuestro, depende del grado de cooperación de las distintas Administraciones Públicas con competencias en la materia.

Como dice García Otero, estamos ante un sistema organizativo de lo judicial con dos bloques claramente diferencias: de una parte, la organización de la función jurisdiccional, en la que alcanza especial protagonismo el Consejo General del Poder Judicial, en cuanto órgano constitucional con funciones gubernativas en relación al ejercicio de la potestad jurisdiccional por los Magistrados de la Carrera Judicial; y, de otra, la función de auxilio al ejercicio de esa potestad a través de la Oficina Judicial, cuya principal característica es quitar al Juez la carga de lo que son funciones organizativas y gerenciales[40].

---

40 César García Otero. *El Estatuto de Autonomía de Canarias*. Thompson Reuters. Pág. 447.

En el marco de esa segunda función podemos entender el artículo 89 del Estatuto de Autonomía, en virtud del cual se atribuye a la Comunidad Autónoma, de acuerdo con la Ley Orgánica del Poder Judicial, determinar la creación, el diseño, la organización, la dotación y la gestión de las oficinas judiciales y de los órganos y servicios de apoyo a los órganos judiciales, incluyendo la regulación de las instituciones, los institutos y los servicios de medicina forense y toxicología. Nos encontramos con una reproducción casi literal del artículo 105 del Estatuto de Autonomía de Cataluña.

No podemos obviar por otra parte que el artículo 438.3 LOPJ atribuye a las comunidades autónomas la creación, el diseño y la organización de los servicios comunes procesales, con funciones de registro y reparto, actos de comunicación, auxilio judicial, ejecución de resoluciones judiciales y jurisdicción voluntaria; y también, con el informe favorable del CGPJ, con funciones de ordenación del procedimiento u otras no incluidas expresamente al precepto, si bien el art. 438.7 faculta el CGPJ para establecer criterios generales que permitan la homogeneidad en las actuaciones de los servicios comunes procesales de la misma clase en todo el Estado, que no pueden incidir en el ejercicio de la función jurisdiccional o en las competencias de las administraciones públicas en este ámbito.

El art. 437.5 LOPJ establece que el Ministerio de Justicia, previo informe del CGPJ y de las comunidades autónomas, determina las dotaciones básicas de las unidades procesales de apoyo directo. La STC 163/2012 (FJ 4. b)) y la STC 224/2012 (FJ 5.a)) justifican esta atribución por la necesidad de contar con una estructura básica homogénea en todo el Estado, y admiten que las comunidades autónomas pueden establecer determinaciones adicionales (hay que entender que mediante la aprobación inicial de las relaciones de puestos de trabajo, de acuerdo con el art. 522.2 LOPJ).

Desde luego en el ámbito de las competencias autonómicas sobre la materia asumidas por la norma estatutaria, las posibilidades de innovación y adaptación de la realidad organizativa judicial al hecho insular admite múltiples formulas organizativas, que deberán ser objeto de desarrollo normativo por parte de las instituciones autonómicas en coordinación, tanto con el Ministerio de Justicia como con el Consejo General del Poder Judicial.

En cualquier caso y pese a que son la mayoría de Estatutos de Autonomía los que han incorporado esta cláusula competencial, el desarrollo normativo de la misma por las Comunidades Autónomas ha sido parco, pudiéndose además afirmar que después de más de diecisiete años desde la aprobación de la reforma de la Ley Orgánica del Poder Judicial, es igualmente escasa la implantación de dicha reforma en materia de oficina judicial, tanto por las dificultades presupuestarias a la que han tenido que enfrentarse las distintas Administraciones Públicas, como por las resistencias que ha tenido que vencer de estructuras judiciales arraigadas en el tiempo.

No obstante, una vez entrada en vigor la reforma operada por Ley Orgánica 19/2003, el Gobierno de Canarias aprobó el Decreto 133/2008, posteriormente modificado por Decreto 40/2010, destinado a crear la estructura necesaria para la creación, diseño, organización e implantación de la Oficina Judicial en el ámbito territorial canario. Igualmente y fruto de las conclusiones adoptadas en el seno de las comisiones de coordinación constituidas, se aprobó el Decreto 98/2011 de 27 de abril, regulador de la estructura orgánica y planificación de la Oficina Judicial en Canarias. Sin embargo nueve años después de la aprobación de dicho Decreto el proceso de implantación de la nueva oficina judicial en Canarias sigue paralizado, sin que se haya producido avances en torno a su implantación.

4.5.4. Competencias sobre justicia gratuita

El artículo 90 del Estatuto de Autonomía atribuye competencias a la Comunidad Autónoma para ordenar los servicios de justicia gratuita y de orientación jurídica gratuita.

El derecho a la justicia gratuita forma parte del derecho fundamental a la tutela judicial efectiva que garantiza la igualdad de armas en el proceso y que vela por la necesidad de que nadie con independencia de la capacidad económica para litigar pueda no acceder a la Justicia. Se trata de una competencia de naturaleza prestacional por cuanto corresponde a la Comunidad Autónoma organizar la prestación del servicio en coordinación con los actores implicados –esto es fundamentalmente los Colegios de Abogados constituidos en las islas– así como la asunción del coste derivado de la prestación del servicio. Extramuros de la competencia queda la ordenación material del derecho a la asistencia jurídica gratuita, que en base a la competencia contemplada en el artículo 149.18 CE es titularidad exclusiva del Estado, según doctrina establecida en la sentencia 97/2001, de 5 de abril del Tribunal Constitucional. En base a dicha previsión constitucional se aprobó la Ley 1/1996, de 10 de enero, de asistencia jurídica gratuita que aborda la regulación del mecanismo de acceso al derecho junto a los condicionantes materiales que permiten al ciudadano ser acreedor del reconocimiento de dicho derecho.

4.5.5. Competencias en materia de demarcación y planta judicial

El artículo 91 del Estatuto de Autonomía establece que el Gobierno de la Comunidad Autónoma de Canarias, al menos cada cinco años, previo informe del Consejo de Justicia de Canarias, podrá proponer al Gobierno del Estado la determinación y la revisión de la demarcación y la planta judiciales en Canarias. Esta propuesta, que es preceptiva, deberá acompañar al proyecto de ley que el Gobierno envíe a las Cortes Generales.

Deberá el Gobierno de la Comunidad Autónoma informar sobre la delimitación de las demarcaciones territoriales de los órganos judiciales, así como de su capitalidad, en los términos establecidos en la legislación del Estado.

Ambas facultades son manifestación de la participación indirecta de las instituciones autonómicas en la modificación de las demarcaciones y la planta judiciales reguladas por Ley 38/1988.

En el apartado segundo de dicho artículo se dispone que las modificaciones de la planta judicial que no comporten reforma legislativa podrán corresponder al Gobierno de la Comunidad Autónoma de Canarias, estableciéndose la posibilidad de que la Comunidad Autónoma pueda crear secciones y juzgados por delegación del Gobierno del Estado, en los términos previstos por la Ley Orgánica del Poder Judicial.

Dicha facultad es una manifestación de intervención directa del Gobierno mediante modificaciones de la planta judicial que no comporten reforma legislativa, así como mediante la creación de Juzgados o Secciones en el marco de una previa delegación estatal. Dicha facultad que es reproducción de la facultad conferida por el artículo 107 del Estatuto catalán al Gobierno de la Generalitat fue analizada por el Tribunal Constitucional en sentencia 31/2010, declarando la constitucionalidad de la misma, por cuanto la competencia aparece subordinada en primer lugar a la posibilidad fijada por una ley estatal y en segundo lugar a una previa delegación estatal. En palabras del Tribunal Constitucional. *Se trata, en definitiva, de un precepto cuyas previsiones quedan expresamente sometidas a la realización de condiciones indisponibles para el poder público autonómico y enteramente reservadas a la libertad del Estado.*

Finalmente establece el precepto que la capitalidad de las demarcaciones judiciales se fija mediante ley del Parlamento de Canarias.

4.5.6. Justicia de paz y de proximidad. Solución extrajudicial de conflictos

Establece el artículo 92 del Estatuto de Autonomía:

> *1. La Comunidad Autónoma de Canarias tiene competencia sobre la justicia de paz en los términos que establezca la Ley Orgánica del Poder Judicial. La Comunidad Autónoma de Canarias también se hace cargo de sus indemnizaciones y es la competente para la provisión de los medios necesarios para el ejercicio de sus funciones. Le corresponde también la creación de las secretarías y su provisión.*
>
> *2. La Comunidad Autónoma de Canarias, en las poblaciones que se determine y de acuerdo con lo establecido por la Ley Orgánica del Poder Judicial, podrá instar el establecimiento de un sistema de justicia de proximidad que tenga por objetivo resolver conflictos menores con celeridad y eficacia.*

Respecto a la justicia de Paz, considerando que la conforman un conjunto de órganos que en esencia forman parte del poder judicial como proclama el artículo 26 de la Ley Orgánica del Poder Judicial, como primer escalón de la estructura judicial del Estado, servida por Jueces legos en derecho, de naturaleza no profesional, la competencia de la Comunidad Autónoma vendrá determinada por la necesidad de organizar los aspectos materiales y personales de las Secretarías de Juzgados de Paz, cuyas funciones jurisdiccionales son muy limitadas, reservándose el Estado la regulación del estatuto jurídico de los titulares judiciales del órgano así como el establecimiento de las competencias jurisdiccionales del mismo, y ello en base a los dispuesto en el artículo 140.1.5 del texto constitucional.

No conviene obviar en este aspecto de la justicia de paz, las facultades concurrentes que tienen los Ayuntamientos, pues en virtud de lo dispuesto en el artículo 101.2 LOPJ en concordancia con lo dispuesto en el artículo 6 del Reglamento 3/1995 de 7 de junio del Consejo General del Poder Judicial, corresponde a los mismos la propuesta de nombramiento por mayoría absoluta de sus miembros, que deberá ser refrendado posteriormente por la Sala de Gobierno del Tribunal Superior de Justicia de la Comunidad Autónoma respectiva.

Respecto a la justicia de proximidad, se trata de una reserva estatutaria, al igual que han hecho la mayoría de Estatutos de Autonomía reformados. Dicha instauración requiere de una expresa modificación de la Ley Orgánica del Poder Judicial que venga a sustituir a los existentes Jueces de Paz, en una especie de categoría intermedia entre éstos y los actuales Juzgados de Primera Instancia, atribuyéndosele competencias para asuntos menores, con el fin de aliviar la carga de trabajo de los actuales Juzgados de Primera Instancia y de Instrucción en materia de conocimiento de delitos leves, y consecuentemente ganando en términos de celeridad judicial. En 2005 el Consejo de Ministros aprobó un proyecto de ley que venía a modificar la Ley Orgánica del Poder Judicial a fin de instaurar este modelo de justicia de proximidad, territorializando en cierta manera el poder judicial dentro del principio de unidad jurisdiccional y estimulando la implicación de los actores autonómicos en la regulación de dicha justicia proximidad a través de los Consejos de Justicia autonómicos e instituciones de gobierno. Sin embargo el proyecto decayó, si bien la previsión estatutaria del artículo 92 resulta adecuada atendiendo a esa futura implantación de la justicia de proximidad en el marco de una territorialización de lo jurisdiccional en el ámbito del desarrollo autonómico, que acerque la justicia a los ciudadanos.

En cuanto a la solución extrajudicial de conflictos el artículo 93 del Estatuto de Autonomía establece:

> *La Comunidad Autónoma de Canarias impulsará los instrumentos y procedimientos de mediación, arbitraje y conciliación en la resolución de conflictos en las materias de su competencia.*

Tal y como apunta César García Otero, el precepto se refiere al impuso de los sistemas autocompositivos de solución de conflictos, en material de competencia de la Comunidad Autónoma, lo que significa que se erige como un mandato a los poderes públicos de consolidar el sistema tanto en conflictos judiciales, en aquellas materias en las que sea posible la intervención autonómica, como extrajudiciales[41].

41 César García Otero. *El Estatuto de Autonomía de Canarias.* Thompson Reuters. Pág. 458.

Capítulo V

Las competencias de la Comunidad Autónoma de Canarias. Principios Generales

5.1. Introducción

El orden competencial del Estado autonómico español es, técnicamente uno de los más complejos de todo el derecho comparado. En primer lugar la Constitución no atribuye competencias a las Comunidades Autónomas. Dicha cuestión se reserva principalmente a los Estatutos. Esta técnica implica que las competencias estatales se fijan por sustracción: El Estado tiene en un primer momento competencias universales sobre todas las materias, pero a medida que se van aprobando estatutos va perdiendo para cada territorio las competencias que esos Estatutos le han sustraído. Si no hubiera límite, podría suceder que el Estado terminase al final completamente vacío. Para evitar ese resultado, el artículo 149 de la Constitución relaciona las materias que siempre le deben corresponder al Estado, de ahí que muchas veces se denomine a este a este artículo como "el techo competencial" de las Comunidades Autónomas[42].

Las normas constitucionales atributivas de competencias y los Estatutos de Autonomía reciben el nombre de "bloque de la constitucionalidad", una forma expresiva de designar el conjunto de normas que determinan el orden competencial de cada territorio, si bien sobre dicha expresión existen divergencias pues en alguno pronunciamientos del Tribunal Constitucional la expresión toma como referencia la función extrínseca a la norma misma y que surge dentro del proceso constitucional, por la relación que en él se establece entre

---

42 Ruiz Robledo, Agustín. (2007) *Compendio de Derecho Constitucional Español*. Tirant Lo Blanch. 2007. Pág. 206.

ella y la norma sometida a juicio del Tribunal a través de un recurso o una cuestión de inconstitucionalidad, pues con la misma denominación de *"bloque o parámetro de constitucionalidad"* el Tribunal se refiere también a un conjunto de normas que ni están incluidas en la Constitución ni delimitan competencias, pero cuya infracción determina la inconstitucionalidad de una Ley sometida a examen[43].

Tratándose del epígrafe objeto de estudio toda referencia en lo sucesivo al *"bloque de constitucionalidad"* estará encaminada a designar ese conjunto de instrumentos normativos que junto a la Carta Magna y como complementario de ésta determina cuándo una competencia debe ser atribuida a una Comunidad Autónoma o al Estado y con qué límites ha de ser ejercitada. Por tanto en esencia dicho "bloque" está compuesto por la propia Constitución, los Estatutos de Autonomía y aquellas Leyes Orgánicas de transferencia y delegación de competencias dictadas por el Estado al amparo de lo dispuesto en el artículo 150.2 de la Constitución.

En definitiva, se introduce otra variante del principio dispositivo, en este caso en lo que se refiere a la distribución de competencias pues el artículo 148 otorgaba una posibilidad y no listaba de forma obligatoria las competencias asumibles por las Comunidades Autónomas. En opinión del profesor Francisco Rubio Llorente, esta virtualidad del principio dispositivo, tanto en lo que concierne al proceso de creación de las Comunidades Autónomas como a la propia distribución del poder político entre los entes territoriales resultantes, hace notablemente singular la solución escogida por nuestra Constitución, sin que exista Constitución dentro de nuestro entorno occidental que formule ese principio dispositivo de una forma tan plena en lo que a organización político-territorial se refiere.

Sentado de forma somera el marco dentro del cual se distribuyen las competencias entre el Estado y las Comunidades Autónomas cabe hacer referencia a la naturaleza jurídica de dichas competencias, dado que nuestra Constitución a diferencia de otras como la alemana no atribuye de forma expresa la potestad legislativa a los entes autonómicos que surgiesen del proceso de creación del Estado autonómico. La naturaleza de tales competencias ha de inferirse de otros preceptos como el artículo 152 de la Constitución que establece la organización

---

43 Rubio Llorente, Francisco. (1989) *Revista española de derecho constitucional*. Año 9.Número 27. septiembre-diciembre 1989. Pág. 11.

institucional para las Comunidades Autónomas creadas por la vía del artículo 151 de la norma constitucional, contemplando la existencia de una Asamblea Legislativa, o del artículo 153 que establece la competencia del Tribunal Constitucional para regular el control de constitucionalidad de las normas con fuerza de ley de las Comunidades Autónomas. Por tanto, dada por sentada la competencia de la Comunidad Autónoma sobre gestión administrativa de sus intereses, de naturaleza básicamente reglamentaria, cabía inferir que las competencias de las Comunidades Autónomas tenían naturaleza legislativa.

Extrañará que este aspecto tan esencial del orden constitucional deba ser extraído indirectamente a través de una pluralidad de preceptos constitucionales, pero ello viene impuesto por el carácter de una Constitución que se limita a marcar un campo extraordinariamente amplio dentro del cual posteriormente debería tener lugar el llamado "proceso autonómico[44]".

No obstante esa imprecisión dado que en el espíritu de muchos de los constituyentes estaba que la potestad legislativa se atribuyera inicial y únicamente a las Comunidades Autónomas de País Vasco, Cataluña y Galicia la potestad legislativa se atribuyó a todas las Comunidades Autónomas pese a que ese artículo 152 sólo era aplicable a determinadas Comunidades históricas o a aquellas cuya constitución se hiciere por la vía contemplada en el artículo 151. Finalmente y pese al silencio del artículo 147 del texto constitucional todas las Comunidades Autónomas se dotaron de Asamblea Legislativa y asumieron competencias legislativas en virtud de los estatutos de autonomía aprobados para cada una de ellas como máxima expresión de su autonomía política, a excepción de las Ciudades Autónomas de Ceuta y Melilla a quienes expresamente está vedada la competencia legislativa y por tanto la naturaleza jurídica de sus competencias es de naturaleza reglamentaria.

5.2. Competencias exclusivas, concurrentes y de ejecución

Sentado lo anterior el Estatuto de Autonomía de Canarias en las disposiciones generales en torno a las competencias distingue en los artículos 95, 96 y 97 la dimensión material

44 Cruz Villalón, Pedro. (2008) *Estudios sobre la Constitución española* Homenaje al Profesor Jordi Solé Tura. "Los conflictos de competencia legislativa en España". Cortes Generales. 2008. Pág. 1639.

de las competencias exclusivas, las competencias de desarrollo legislativo y ejecución y las competencias meramente ejecutivas.

El artículo 95, referido a las competencias exclusivas dispone que en el ámbito de las citadas competencias le corresponde a la Comunidad Autónoma de forma íntegra la potestad legislativa, la potestad reglamentaria y la función ejecutiva sin perjuicio de la concurrencia de otros títulos competenciales del Estado. Este último inciso es fruto de la interpretación que el Tribunal Constitucional hace del artículo 110 del Estatuto de Autonomía de Cataluña. Al respecto, la argumentación que el Tribunal Constitucional esgrime para anular parcialmente el artículo 111 (competencias compartidas entre Estado y Comunidad Autónoma) del Estatuto de Cataluña e interpretar los artículos 110 y 112 que regulan respectivamente las competencias exclusivas y ejecutivas del ente autonómico se relaciona en sus fundamentos jurídicos 57 y 58 de la citada sentencia resolutoria del recurso de inconstitucionalidad frente al Estatuto de Cataluña: "*...En su condición de intérprete supremo de la Constitución, el Tribunal Constitucional es el único competente para la definición auténtica —e indiscutible— de las categorías y principios constitucionales. Ninguna norma infraconstitucional, justamente por serlo, puede hacer las veces de poder constituyente prorrogado o sobrevenido, formalizando uno entre los varios sentidos que pueda admitir una categoría constitucional. Ese cometido es privativo del Tribunal Constitucional. Y lo es, además, en todo tiempo, por un principio elemental de defensa y garantía de la Constitución: el que la asegura frente a la infracción y, en defecto de reforma expresa, permite la acomodación de su sentido a las circunstancias del tiempo histórico....Tal es, en definitiva, el sentido que les cabe a las previsiones incluidas en los arts. 110, 111 y 112 EAC, constitucionalmente aceptables en la medida en que, con la referida voluntad de descripción y de sistema, se acomoden a la construcción normativa y dogmática que cabe deducir de nuestra jurisprudencia en cada momento histórico, es decir, sin que su formalización como expresión de la voluntad del legislador orgánico estatutario suponga un cambio en su cualidad normativa, que será siempre, de no mediar una reforma expresa de la Constitución, la propia del ejercicio de nuestra jurisdicción. Esto es, sin que en modo alguno se sustraiga a este Tribunal la facultad de modificar o revisar en el futuro la doctrina ahora formalizada en los preceptos examinados ...*[45]".

45 STC. 31/2010 de 28 de junio de 2010.

Las situaciones de concurrencia de competencias exclusivas del Estado y de las Comunidades Autónomas sobre una misma materia o espacio físico han de resolverse, en primer lugar, acudiendo a técnicas de colaboración y concertación con las que se consiga optimizar el ejercicio de las competencias estatales y autonómicas, pudiendo elegirse en cada caso las técnicas que se estimen más adecuadas[46].

Igualmente el apartado Segundo del artículo 95 E.A.Can. establece que en el ejercicio de las competencias exclusivas, la Comunidad Autónoma podrá desarrollar políticas propias en las materias afectadas, de acuerdo con los principios y derechos establecidos en el Estatuto.

El artículo 96.1 del Estatuto de Autonomía delimita las competencias de desarrollo legislativo y de ejecución, reiterando una regla que ya es común: en este caso, corresponde a la Comunidad Autónoma de Canarias la potestad legislativa, la potestad reglamentaria y la función ejecutiva, en el marco de las bases que fije el Estado y como sostiene la jurisprudencia constitucional, no es función del Estatuto de Autonomía definir el contenido y extensión de las bases estatales, pues éstas únicamente pueden ser apreciadas por el Tribunal Constitucional[47].

Se trata en definitiva de las denominadas competencias compartidas y el precepto es reproducción depurada constitucionalmente del artículo 111 del Estatuto de Cataluña. Introduce igualmente el artículo un apartado segundo que reproduce el mismo apartado del artículo que le precede en torno a la posibilidad del establecimiento de políticas propias en el ejercicio de dichas competencias y en el marco de los principios y derechos establecidos por el Estatuto de Autonomía. Como refiere en análisis de las STC 88/2010 y 26/2012 el profesor de derecho administrativo de la Universidad de La Laguna, Hernández González, esto significa que la regulación de lo que se considere básico no puede agotar toda la normación ni monopolizar toda actuación pública posible sobre la materia, de suerte que la Comunidad Autónoma disfrute de un margen de desarrollo de la normativa básica para el establecimiento de una política propia en la materia en el marco definido por las bases estatales[48].

---

46 Francisco Hernández González. *El Estatuto de Autonomía de Canarias*. Thompson Reuters. Pág. 472.

47 Francisco Hernández González. *El Estatuto de Autonomía de Canarias*. Thompson Reuters. Pág. 472.

48 STC 31/2010. F.J. 59.

En definitiva, con la consolidación del significado de los distintos tipos de competencia elaborada por el Tribunal Constitucional se ha impedido que desde un estatuto se determine el alcance de las competencias del Estado establecidas en el artículo 149.1 de la Constitución, algo que hubiera llegado a introducir tal grado de confusión que hubiera hecho inviable el regular funcionamiento del conjunto de los poderes públicos en España sin introducir más disfunciones.

El artículo 97 del Estatuto de Autonomía recoge las competencias ejecutivas, que recogiendo la doctrina constitucional divide en la propia función ejecutiva –comprensiva de la potestad de organización de su propia administración, las potestades de inspección y sanción y todas aquellas funciones y actividades que el ordenamiento atribuye a la Administración Pública– y la potestad reglamentaria, que comprende la aprobación de reglamentos internos de organización de los servicios.

5.3. Principios de prevalencia y territorialidad. Atribución de materias de competencia estatal

El artículo 98 recoge el principio de prevalencia que actúa a modo de cláusula de preferencia del derecho estatal contemplada en el artículo 149.3 CE. Sintéticamente el principio de prevalencia obedece a la virtualidad del derecho propio de Canarias como preferente a cualquier otro dentro del territorio en aquellas competencias que sean exclusivas de la Comunidad Autónoma. La STC 31/2010 que interpreta el artículo 110.2 del Estatuto de Cataluña –que se expresa en términos similares al artículo 98 EA Can.– modula el alcance de la norma afirmando que la *preferencia del Derecho autonómico en material de competencias exclusivas (...) no impide la aplicación del Derecho del Estado en virtud de sus competencias concurrentes...*[49].

El artículo 99 hace referencia al principio de territorialidad en su doble vertiente: por una parte haciendo referencia a la eficacia del ejercicio propio de las competencias por parte de los poderes autonómicos dentro de su territorio y por otra parte poniendo énfasis en el eventual efecto que el ejercicio de las competencias propias puede tener extramuros del ámbito territorial autonómico propio.

Respecto a ese primer aspecto ha de decirse que el principio de eficacia territorial tiene su fundamento constitucional, desde el punto de vista de las fuentes del Derecho, en

49 STC 31/2010 F.J. 59.

el régimen jurídico de los Estatutos de autonomía. Así, los Estatutos de autonomía son, como la propia Constitución establece, «la norma institucional básica de cada comunidad autónoma» (art. 147.1 CE). A través de ellos opera el principio dispositivo, básico en el proceso de formación y consolidación de las comunidades autónomas. De la aprobación del Estatuto de Autonomía depende, incluso, la conformación de tales comunidades. En dicho sentido, como señala la STC 247/2007 (FJ 5.º), *«Los Estatutos de autonomía son, así, no sólo la norma fundacional de la correspondiente comunidad autónoma (arts. 143 y 151 CE), sino también la norma expresiva de su acervo institucional y competencial (art. 147.2 CE)»*. En base a ello, el elemento territorial impregna el sentido del propio Estatuto como fuente del Derecho. Por su origen, «es vehículo de la pretensión de autonomía de un determinado territorio». Ellos son además, como indica allí mismo el Tribunal Constitucional, *«pieza esencial en la distribución territorial del poder político del Estado»*. Por este motivo, forma parte del contenido mínimo del Estatuto de autonomía para una comunidad autónoma «la delimitación de su territorio» [art. 147.2 b) CE]. De los propios Estatutos de autonomía ha señalado la sentencia citada que «tienen una eficacia territorial limitada, al dotar de virtualidad al principio constitucional de autonomía en un territorio determinado». El Estatuto de autonomía constituye la «norma de cabecera del ordenamiento autonómico, esto es, su norma superior, lo que supone que las demás le estén subordinadas» (STC 247/2007, FJ 6.º)[50].

Respecto a la eficacia extraterritorial que contempla la previsión estatutaria ya la STC 37/1981 afirmaba que:

> *Esta limitación territorial de la eficacia de las normas y actos no puede significar, en modo alguno, que le esté vedado por ello a los órganos de la comunidad autónoma, en uso de sus competencias propias, adoptar decisiones que puedan producir consecuencias de hecho en otros lugares del territorio nacional; la unidad política, jurídica, económica y social de España impide su división en compartimientos estancos y, en consecuencia, la privación a las comunidades autónomas de la posibilidad de actuar cuando sus actos pudieran originar consecuencias más allá de sus límites territoriales equivaldría necesariamente a privarlas, pura y simplemente, de toda capacidad de actuación (FJ 1.º).*

---

50 Naranjo de la Cruz. *Comentarios al Estatuto de Autonomía para Andalucía*. Obra coordinada por Pedro Cruz Villalón/Manuel Medina Guerrero. Parlamento de Andalucía. Ideas más tecnología. 2012. Pág. 117.

En el mismo sentido, la STC 86/1984 señala que es *precisamente la unidad económica de España, a que antes se ha hecho referencia, la que mantiene siempre abierta la posibilidad de que, cualquier actuación en materia económica realizada válidamente por cada comunidad autónoma dentro de su propio territorio y en uso de sus legítimas competencias, pueda producir alguna consecuencia fuera de dicho territorio (FJ 6.º).*

De este modo, el límite territorial «ha de interpretarse con la flexibilidad suficiente para no vaciar de contenido las competencias asumidas» (STC 44/1984, FJ 2.º). Se recurre, por tanto, a la doctrina de la extraterritorialidad para permitir excepcionalmente la extensión de los efectos del ejercicio de una competencia autonómica más allá del territorio de la comunidad autónoma actuante[51].

El artículo 100 del Estatuto hace referencia en su primer apartado a la posibilidad de que a través de los mecanismos establecidos en el artículo 150.2 CE la Comunidad Autónoma pueda ejercitar las competencias transferidas o delegadas por el Estado.

El segundo apartado del precepto establece la posibilidad articulada mediante convenio con el Estado para que la Comunidad Autónoma pueda ejercitar actividades de inspección y sanción relativas a materias de competencia estatal.

5.4. Modulación de la normativa estatal por razón de la condición ultraperiférica de Canarias. Actividad de fomento

El artículo 101 del Estatuto de Autonomía exige que la normativa que el Estado dicte en el ejercicio de sus competencias (exclusivas o compartidas) tengan en cuenta las singularidades derivadas del carácter ultraperiférico de Canarias, por lo que se trata de un precepto de nuevo cuño que impone un mandato claro al Legislador y al Ejecutivo Estatal: el deber de valorar la realidad singular de Canarias en el derecho estatal[52].

---

51 NARANJO DE LA CRUZ. *Comentarios al Estatuto de Autonomía para Andalucía*. Obra coordinada por Pedro Cruz Villalón/Manuel Medina Guerrero. Parlamento de Andalucía. Ideas más tecnología. 2012. Pág. 122.

52 FRANCISCO HERNÁNDEZ GONZÁLEZ. *El Estatuto de Autonomía de Canarias*. Thompson Reuters. Pág. 483.

El artículo 102 hace referencia a las actividades de fomento que corresponde a la Comunidad Autónoma en función de la naturaleza de la competencia ejercitada. Al respecto en el apartado primero del precepto se alude a la posibilidad de otorgar subvenciones con cargo a fondos propios respecto a materia de su competencia, desarrollando al efecto los objetivos y requisitos de otorgamiento y gestionando su tramitación y concesión.

El apartado segundo del artículo se adentra en la intervención autonómica respecto a subvenciones territorializables de la Administración Central y de la Unión Europea en función de la naturaleza de las competencias a que afecta. Así respecto a competencias exclusivas de la Comunidad Autónoma corresponde a ésta la especificación de los objetivos, así como la regulación de las condiciones de otorgamiento y la gestión de su tramitación y concesión. Respecto a aquellas subvenciones territorializables que afecten a competencias compartidas la Comunidad precisará los objetivos, completando las condiciones de otorgamiento y asumiendo la gestión.

Finalmente respecto a las competencias ejecutivas, corresponde a la Comunidad Autónoma la gestión de las subvenciones territorializables, incluyendo la gestión y tramitación de las mismas.

El artículo se cierra con la garantía de la participación de la Comunidad Autónoma de Canarias en la determinación del carácter no territorializable de las subvenciones estatales y comunitarias y en su gestión y tramitación, en los términos que fije el Estado.

Constituye idéntica previsión estatutaria que la contenida en el artículo 45.3 del Estatuto de Autonomía de Andalucía y artículo 114.5 del Estatuto de Autonomía de Cataluña. La adecuación a la Constitución de la previsión del art. 45.3 E.A. And. –hoy 102.3 E.A. Can. quedó confirmada con la STC 31/2010, que no ha apreciado ninguna tacha de inconstitucionalidad en el paralelo art. 114.5 EAC. Sencillamente, la participación autonómica en la territorialización *se hace sin perjuicio de la competencia del Estado por cuanto sólo prevé, precisamente, la participación in abstracto de la Generalitat en la determinación de ese carácter, de modo que la determinación misma, cuyo alcance ha de afectar, por lo demás, a todas las comunidades autónomas, corresponde exclusivamente al Estado. La Generalitat, en consecuencia, según el propio precepto impugnado, no determina el carácter de la subvención, sino que sólo participa en un proceso decisorio privativo del Estado, único competente para establecer los casos y los modos en que dicha participación haya de verificarse [...] (FJ 62.º)*[53].

53 MEDINA GUERRERO. *Comentarios al Estatuto de Autonomía para Andalucía*. Obra coordinada por Pedro Cruz Villalón/Manuel Medina Guerrero. Parlamento de Andalucía. Ideas más tecnología. 2012. Pág. 746.

Capítulo VI
Competencias de la Comunidad Autónoma de Canarias. Clasificación

6.1. Competencias en materias institucionales y administrativas

El primer bloque de competencias viene comprendido en los artículos 103 a 113 del Estatuto de Autonomía. No constituye el objeto principal de esta obra un desarrollo pormenorizado de cada una de las competencias por lo que en cada bloque se tratará de sintetizar aquello que resulta más novedoso en la actual norma básica estatutaria. Lo primero que hay que destacar es la actual extensión de la norma en cuanto a atribución de competencias se refiere por cuanto el anterior Estatuto dedicaba 9 artículos al desglose pormenorizado de competencias, mientras que la actual norma contiene 62 artículos destinados a especificar las competencias atribuidas a la Comunidad.

El Capítulo II del Título V del Estatuto de Autonomía incide fundamentalmente en las competencias que la Comunidad Autónoma posee en relación a la organización territorial, administrativa e institucional dentro de su territorio, así como el establecimiento del Régimen Jurídico, procedimiento, contratación, expropiación y responsabilidad patrimonial de las administraciones públicas canarias y ello en el marco de la distribución competencial entre Estado y Comunidades Autónomas.

El art. 149.1.18.ª CE no sólo distingue entre el régimen jurídico de las administraciones públicas y el procedimiento administrativo común, sino que establece dos tipos de reservas diferenciadas a favor del Estado: respecto del primero, le reserva en exclusiva al Estado la competencia para dictar las bases, de forma que corresponde a las comunidades autónomas el desarrollo. Sin embargo, respecto del procedimiento administrativo común y del sistema de responsabilidad patrimonial, le deja reservada al Estado la competencia normativa plena y exclusiva, sin perjuicio, eso sí, de las especialidades derivadas de la *organización* propia de las comunidades autónomas[54].

De acuerdo con este mandato, el art. 106 EA Can. otorga competencia a la Comunidad Autónoma para aprobar las normas de procedimiento administrativo que deriven de las peculiaridades del derecho sustantivo de Canarias o de las especialidades de la organización de la Administración Pública canaria.

Conviene destacar la competencia de la Comunidad Autónoma sobre la determinación, creación, modificación y supresión de las entidades locales que configuran la organización territorial de Canarias, así como el desarrollo de las previsiones del título III del Estatuto –organización territorial de Canarias– respetando la garantía institucional establecida en los artículos 140 y 141 de la Constitución.

Respecto a la materia de contratación constituye un aspecto novedoso el apartado tercero del artículo 106 E.A. Can. que atribuye a la Comunidad Autónoma el desarrollo legislativo de la legislación básica del Estado en materia de contratación, en relación con la inclusión de cláusulas de carácter social y medioambiental, estableciendo unas previsiones mínimas que los órganos de contratación del sector público canario deben incorporar obligatoriamente.

En materia de participación ciudadana el artículo 108 E.A. Can. atribuye competencia exclusiva a la Comunidad Autónoma de Canarias para regular el régimen jurídico, las modalidades, el procedimiento, la realización y la convocatoria por ella misma o por los entes locales, en el ámbito de sus competencias, de encuestas, audiencias públicas, foros de participación y cualquier otro instrumento análogo de consulta popular, con la excepción del referéndum, así como los procedimientos de relación entre las entidades locales y la población, respetando la autonomía local. Ya la Ley 5/2010 canaria de fomento a la participación ciudadana en su Exposición de Motivos anclaba la atribución competencial sobre

54 GALLARDO CASTILLO. *Comentarios al Estatuto de Autonomía para Andalucía*. Obra coordinada por PEDRO CRUZ VILLALÓN/ MANUEL MEDINA GUERRERO. Parlamento de Andalucía. Ideas más tecnología. 2012. Pág. 771.

la materia en los anteriores artículos 30.1, 32. 5 y 6 de la norma estatutaria en vigor y en desarrollo del mandato a los poderes públicos canarios de fomentar la participación ciudadana como uno de los principios rectores de la política a desarrollar por la Comunidad Autónoma.

Al respecto tuvo ocasión de pronunciarse la STC 31/2010 sobre el Estatuto de Autonomía confirmando la constitucionalidad del precepto. Se expresaba en este sentido el Tribunal Constitucional: *"...Caben, pues, consultas populares no referendarias mediante las cuales «se recaba la opinión de cualquier colectivo sobre cualesquiera asuntos de interés público a través de cualesquiera procedimientos» distintos de los que cualifican una consulta como referéndum (STC 103/2008, FJ 2) y con los límites materiales a los que también hicimos referencia en la STC 103/2008 (FJ 4) respecto de todo tipo de consultas, al margen de la prevista en el art. 168 CE. Las encuestas, audiencias públicas y foros de participación a los que se refiere el art. 122 EAC tienen perfecto encaje en aquel género que, como especies distintas, comparten con el referéndum. Si a ello se añade que las consultas previstas en el precepto se ciñen expresamente al ámbito de las competencias autonómicas y locales, es evidente que no puede haber afectación alguna del ámbito competencial privativo del Estado..."*.

En virtud de lo dispuesto en el artículo 107 E.A.Can. corresponde a la Comunidad Autónoma de Canarias la competencia de desarrollo legislativo y de ejecución en materia de función pública y personal al servicio de las administraciones públicas canarias, incluyendo el régimen estatutario del personal funcionario de la Comunidad Autónoma y de su Administración local, así como la regulación de las especialidades del personal laboral derivadas de la organización administrativa y la formación del mismo.

En cuanto a las competencias exclusivas contempladas en el artículo 110 sobre Asociaciones, en opinión de Gálvez Muñoz, la exclusividad que proclama el artículo 110 del Estatuto de Autonomía de Canarias alcanza, por tanto, no solo a las competencias legislativas y de desarrollo reglamentario, sino también a las de ejecución y gestión administrativa en el ámbito de esta Comunidad; sin embargo, el alcance de esta exclusividad debe matizarse, como así lo ha establecido el propio Tribunal Constitucional, en la medida que esta se encuentra limitada en cuanto a titularidad y condicionada en cuanto a su ejercicio por los diversos preceptos constitucionales; por tanto, difícilmente puede hablarse de competencia ilimitada sobre esta materia, pues coincide con aspectos que son competencia exclusiva del Estado[55]. En base al anterior artículo 30.7 del Estatuto de Autonomía derogado se aprobó la Ley 4/2003 de 28 de febrero de Asociaciones en Canarias que estaba en palabras de la propia Exposición de Motivos de la norma concebida con una vocación integral, de tratamiento completo del mundo asociativo de Canarias, sin perjuicio de los aspectos constitucionalmente reservados a la regulación del Estado, con lo que implícitamente se venía a reconocer las limitaciones competenciales sobre la materia. En desarrollo de dicha norma se aprobó el Decreto 12/2007 de 5 de febrero de Asociaciones.

Respecto a la competencia sobre fundaciones, la Comunidad Autónoma de Canarias asumió competencia exclusiva sobre las fundaciones, figurando la misma en el artículo 30.7 del precedente Estatuto de Autonomía. En desarrollo de dicha competencia se promulgó la Ley 2/1998 Canaria de Fundaciones.

En opinión de Carmen Pérez de Ontiveros, al igual que para las asociaciones, la exclusividad a la que alude el artículo 110 E.A. Can. No puede configurarse como ilimitada, puesto que en este caso también ha de respetarse su contenido esencial, adoptando que la fundación nace como un acto de disposición que realiza el fundador y que los vincula a un fin determinado que ha de tener interés general[56].

El artículo 111 E.A.Can. atribuye a la a la Comunidad Autónoma de Canarias la competencia ejecutiva sobre el nombramiento de notarios y registradores y el establecimiento de demarcaciones notariales y registrales, así como la participación, mediante informe preceptivo, en la fijación de los criterios generales por parte del Estado para dicho establecimiento.

Al respecto tuvo oportunidad de pronunciarse el Tribunal Constitucional en STC 31/2010 con ocasión de la impugnación del vigente artículo 147 E.A. Cat. Se expresaba en los siguientes términos: *"La competencia asumida por la Generalitat es una competencia ejecutiva que se proyecta en el nombramiento de Notarios y Registradores y en la convocatoria, administración y resolución de las oposiciones y concursos correspondientes. Por su parte las competencias del Estado directamente implica-*

55 Galvez Muñoz y Ruiz González J.G."El reparto de competencias en materia de asociaciones:situación actual y perspectivas futuras tras las reformas estatutarias" Dialnet, Pág. 20.

56 Carmen Pérez de Ontiveros Baquero. *El Estatuto de Autonomía de Canarias*. Thompson Reuters. Pág. 505.

das son las contenidas en el art. 149.1.8 y 18 CE, competencias que son, en principio, normativas, con lo que corresponde al Estado disciplinar, con el alcance y detalle que en cada caso se requiera, las oposiciones y concursos de estos cuerpos, acompañando a dicha regulación las medidas de coordinación, e incluso de carácter ejecutivo, que deba realizar el propio Estado si resultan necesarias, bien por su dimensión supraautonómica, bien porque la actuación ejecutiva estatal sea imprescindible para asegurar el efectivo cumplimiento de las correspondientes regulaciones. En suma, la configuración de estos cuerpos de funcionarios como cuerpos nacionales no impide que se descentralicen algunos aspectos de la gestión del régimen de acceso y de traslado, pues la garantía de la unidad del sistema la proporcionan las potestades normativas del Estado...".

6.2. Competencias económico-financieras

El Capítulo III se extiende desde el artículo 114 al artículo 123 del vigente Estatuto de Autonomía y en él se desgranan las competencias autonómicas en torno a la materia que da título al capítulo. Es lo que en el lenguaje constitucional se denomina la Constitución económica y que se corresponde con las normas destinadas a proporcionar el marco jurídico fundamental para la estructura y funcionamiento de la actividad económica (STC 1/1982, de 28 de enero) y que en los Estatutos de Autonomía tienen su reflejo en este bloque competencial.

La jurisprudencia constitucional ha justificado la inclusión de la ordenación general de la economía en el art. 149.1.13.ª CE en la necesidad de salvaguardar determinados principios constitucionales, como son los de unidad de mercado o unidad de la política económica.

Así, por ejemplo, el Tribunal Constitucional ha afirmado que en correspondencia con el presupuesto de un único orden económico nacional y la consiguiente existencia de un mercado nacional único, esta competencia estatal (la del 149.1.13.ª CE) se extiende a un conjunto muy amplio de materias; justificándose la intervención del Estado siempre que para la necesaria coherencia de la política económica general sea preciso adoptar decisiones unitarias (STC 225/1993, FJ 9.º) autónomas[57].

57 De la Cuadra Salcedo. *Comentarios al Estatuto de Autonomía para Andalucía*. Obra coordinada por Pedro Cruz Villalón/ Manuel Medina Guerrero. Parlamento de Andalucía. Ideas más tecnología. 2012. Pág. 960.

En este capítulo –artículo 115 E.A.Can.– se contempla la atribución de potestad normativa a la Comunidad Autónoma de Canarias para normar sobre el Impuesto General Indirecto Canario y el Arbitrio sobre Importaciones y Entregas de Mercancías en las Islas Canarias con el alcance y condiciones establecidas en la legislación aplicable y su normativa de desarrollo.

En materia de Cajas de Ahorros y entidades cooperativas de crédito con domicilio en Canarias el artículo 116 E.A.Can. atribuye a la Comunidad Autónoma de Canarias, la competencia exclusiva sobre la regulación de su organización, respetando lo establecido por el Estado en el ejercicio de las competencias que le atribuyen los artículos 149.1.11.ª y 149.1.13.ª de la Constitución.

El Tribunal Constitucional ha admitido que las cajas de ahorro se constituyan en una materia específicamente individualizada frente a otras entidades de crédito, con independencia de la naturaleza eminentemente crediticia de su actividad. Ello se justificaría por las especiales características que en las cajas de ahorro concurren. La dimensión social de las cajas y su proyección eminentemente regional –rasgos distintivos de estas entidades de depósito frente a otros intermediarios financieros– explicaría que los Estatutos distingan entre el título competencial general sobre «ordenación del crédito, banca y seguros» y el título específico sobre cajas de ahorro.

No obstante, aun cuando la competencia en materia de cajas de ahorro se califique estatutariamente, en ocasiones, como exclusiva, la jurisprudencia constitucional ha sostenido que ello no excluye la competencia estatal en dicha materia. Esto se deduce, por un lado, de que son los propios Estatutos los que han reconocido la competencia autonómica sobre las cajas «sin perjuicio de lo establecido en los arts. 149.1.11.ª y 149.1.13.ª de la Constitución», pero, por otro, e independientemente de que lo digan los Estatutos (pues no es preciso, como ha recordado el Tribunal Constitucional, que los preceptos estatutarios salvaguarden las competencias Estado que el art. 149.1 proclama –STC 31/2010, FJ 64.º–), por desarrollar las cajas una actividad crediticia, elemento fundamental de la actividad económica, y para cuya ordenación la Constitución ha atribuido competencias al Estado[58].

58 De la Cuadra Salcedo. *Comentarios al Estatuto de Autonomía para Andalucía*. Obra coordinada por Pedro Cruz Villalón/

Corresponde en virtud de lo dispuesto en el artículo 117 E.A.Can. a la Comunidad Autónoma de Canarias la competencia de desarrollo legislativo y de ejecución en materia de ordenación del crédito, banca, seguros, mutualidades y gestoras de planes de pensiones no integradas en la Seguridad Social, ostentando competencias exclusivas sobre la estructura, la organización y el funcionamiento de las mutualidades de previsión social no integradas en el sistema de Seguridad Social.

En el ámbito de la economía social el artículo 118 E.A. Can. atribuye a la Comunidad Autónoma de Canarias la competencia exclusiva en materia de cooperativas y de entidades de economía social, y ello siempre que sea conforme a la legislación mercantil. El apartado tercero del precepto matiza o precisa la competencia en el sentido de subordinar la competencia exclusiva sobre el fomento y la ordenación del sector de la economía social al respeto de lo dispuesto en el artículo 149.1 13º CE.

En materia de Mercado de valores corresponde a la Comunidad Autónoma de Canarias la competencia compartida en materia de mercados de valores y centros de contratación situados en Canarias, de acuerdo con la legislación mercantil.

Aun cuando se trata de una materia en la que la confluencia de las distintas competencias hace especialmente difícil su deslinde, de la STC 133/1997 puede extraerse que las competencias del Estado relativas a la ordenación del Mercado de valores comprenden *"la configuración de los tipos de mercados oficiales y no oficiales y la determinación de las condiciones generales de los contratos propios de cada uno de ellos, y que las competencias de las Comunidades Autónomas relativas a dicha organización consisten en instaurar en su respectivo territorio los distintos mercados y proceder a su regulación dentro del marco de las bases establecidas por el Estado*[59]*"*.

En materia de consumo corresponde a la Comunidad Autónoma de Canarias la competencia exclusiva, que incluye, en todo caso, la defensa, de conformidad con la legislación mercantil, procesal y civil, de los derechos de los consumidores y usuarios, el establecimiento y la aplicación de los procedimientos administrativos de queja y reclamación, el sistema de mediación, la regulación de la formación, infor-

---

MANUEL MEDINA GUERRERO.Parlamento de Andalucía. Ideas más tecnología. 2012. Pág. 1237.

59 IRENE NAVARRO FRIAS. *El Estatuto de Autonomía de Canarias.* Thompson Reuters. Pág. 524.

mación y divulgación en materia de consumo responsable y hábitos saludables, así como el de las asociaciones que puedan crearse en este ámbito.

La competencia sobre consumo ya ha sido desarrollada por la Comunidad Autónoma a través de aprobación de la Ley 3/2003 de 12 de febrero del Estatuto de los Consumidores y Usuarios de Canarias; el Decreto 225/1994, de 11 de noviembre, por el que se regulan las hojas de reclamaciones de los Consumidores y Usuarios de la Comunidad Autónoma Canaria o el Decreto 37/1999, de 18 de marzo, de Ordenación de la Junta Arbitral de Consumo de Canarias.

En cualquier caso, ha de tenerse en cuenta que en materia de protección al consumidor convergen distintas disciplinas jurídicas como la legislación civil o mercantil, que caen dentro del ámbito de la competencia del Estado, por lo que la competencia sobre la materia cabría reputarla de concurrente con la que el Estado se reserva para fijar la regulación de las condiciones básicas que garanticen la igualdad en su ejercicio y en el cumplimiento de sus deberes por parte de los ciudadanos.

6.3. Actividades industriales, comerciales y turísticas

De conformidad a lo dispuesto en el artículo 124 E.A. Can. corresponde a la Comunidad Autónoma la competencia exclusiva en materia de industria, salvo la competencia de desarrollo legislativo y ejecución sobre la planificación industrial, en el marco de la planificación general de la economía.

Igualmente corresponde a la Comunidad en virtud del precepto la competencia exclusiva en materia de artesanía. Al respecto, la Ley 3/2001, de 26 de junio, de Artesanía constituye el principal marco legal autonómico sobre la materia. No ha de obviarse además que las competencias administrativas ya fueron transferidas a los Cabildos Insulares, desde la Ley 8/1986, de 18 de noviembre, de Régimen Jurídico de las Administraciones Públicas de Canarias y que la Ley 8/2015 de Cabildos Insulares atribuye competencias a los mismos sobre la materia.

En materia de propiedad industrial e intelectual el artículo 125 E.A.Can. atribuye a la Comunidad Autónoma la competencia ejecutiva en materia de propiedad intelectual e industrial, que incluye, en todo caso, las funciones de inspección, vigilancia y control en la materia.

Respecto al Comercio interior y a ferias no internacionales corresponde en virtud de lo dispuesto en el artículo 126 E.A. Can la competencia exclusiva que incluye la ordenación de la actividad comercial y de la actividad ferial no internacional, comprendiendo aspectos como la determinación de las condiciones administrativas para ejercer la actividad comercial, la de los lugares y los establecimientos donde se lleve a cabo o la regulación de los calendarios y horarios comerciales, respetando en su ejercicio el principio constitucional de unidad de Mercado. Ha de decirse que al amparo de las competencias atribuidas a la Comunidad Autónoma de Canarias en materia de comercio interior en base al artículo 31.3 del Estatuto de Autonomía (en su redacción dada por la Ley Orgánica 4/1996, de 30 de diciembre), se dictó la Ley 10/2003, de 3 de abril, reguladora de la Licencia Comercial Específica, posteriormente derogada por la Ley 12/2009, de 16 de diciembre, reguladora de la Licencia Comercial, así como la Ley 8/2011, de 8 de abril, por la que se modifica la Ley 4/1994, de 25 de abril, de Ordenación de la Actividad Comercial de Canarias. Actualmente la norma reguladora y comprensiva sobre la materia es el Decreto Legislativo 1/2012, de 21 de abril que desarrolla la mayor parte del contenido que abarca la competencia exclusiva otorgada.

En razón de su condición de región ultraperiférica, el artículo 127 E.A. Can. faculta a la Comunidad Autónoma de Canarias para participar, a través de fórmulas de cooperación y colaboración con el Estado, en materia de comercio exterior con África y países de América con vinculaciones históricas con Canarias, comprendiendo la competencia, entre otras facultades la de desarrollar programas de formación comercial; fomentar la constitución de sociedades y consorcios de exportación; apoyar la asistencia a ferias en el exterior y viajes de promoción comercial; prestar servicios desde el territorio canario; prestar asesoramiento en los planes de promoción que favorezcan las relaciones comerciales; y otras iniciativas de naturaleza similar, así como la potestad de formular propuestas en la elaboración de disposiciones que afecten a las relaciones comerciales de Canarias con estos países. Finalmente, en materia de ferias internacionales celebradas en el Archipiélago corresponde a la Comunidad la competencia ejecutiva que incluye aspectos como la promoción, la gestión y la coordinación, así como la actividad inspectora, la evaluación y la rendición de cuentas.

El artículo 128 del Estatuto de Autonomía hace referencia a la competencia en materia de Juegos y Espectáculos. El anterior artículo 30.28 del E.A. Can. otorgaba competencias exclusivas en materia de Casinos, Juegos y Apuestas, mientras que el artículo 30.20 atribuía idéntica competencia exclusiva en materia de espectáculos junto a deporte, ocio y esparcimiento. En base a dichas previsiones estatutarias se aprobó la Ley 8/2010 de 15 de julio de Juegos y Apuestas y la Ley 7/2011, de 5 de abril, de Actividades Clasificadas y Espectáculos Públicos de Canarias. Los artículos 10 y 11 del citado cuerpo normativo delimitan las competencias conferidas a los Ayuntamientos y Cabildos insulares sobre la materia.

En materia turística, el artículo 129 E.A.Can. atribuye la competencia exclusiva a la Comunidad Autónoma. Dicha competencia comprende básicamente la planificación del turismo; la ordenación del sector turístico, La protección del espacio y de los recursos turísticos; la promoción interior y exterior del turismo; la gestión de la red de establecimientos turísticos de titularidad autonómica; la enseñanza y la formación turísticas que no den derecho a la obtención de un título oficial, sin perjuicio de la competencia en materia de formación profesional.

El principal instrumento normativo con el que cuenta la Comunidad Autónoma es la Ley 7/1995, de 6 de abril, de Ordenación del Turismo en Canarias. Ha de reseñarse que en el ámbito de la ordenación territorial y urbanística corresponde a los Planes Insulares de Ordenación (PIO) la determinación de las *"previsiones específicas de desarrollo turístico, identificando cada uno de los atractivos y núcleos, capacidad máxima, zona de influencia y límites de la oferta alojativa"*. La declaración, por los Planes Insulares de Ordenación, de las zonas turísticas impone a los Ayuntamientos la adaptación de su planeamiento general. Supeditados a los PIO se encuentra otro instrumento de Ordenación territorial insular de alcance: los Planes Territoriales Especiales de Ordenación Turística, a los que corresponde identificar y delimitar "las infraestructuras y los equipamientos estructurantes de interés supramunicipal" que no hayan sido objeto de ordenación por los Planes Insulares, o la legislación sectorial[60].

60 Fernando J. Betancort Reyes. *El Estatuto de Autonomía de Canarias*. Thompson Reuters. Pág. 566.

Sobre el sector primario establece el artículo 130 E.A.Can. que corresponde a la Comunidad Autónoma de Canarias la competencia exclusiva en materia de agricultura y ganadería, respetando lo establecido por el Estado en el ejercicio de las competencias que le atribuye el artículo 149.1.13.ª, 16.ª y 23.ª de la Constitución. El antecedente primigenio del artículo es el artículo 29.3 E.A.Can. aprobado por Ley Orgánica 10/1982, de 10 de agosto, que atribuía a la Comunidad Autónoma competencia exclusiva en agricultura y ganadería, de acuerdo con la ordenación general de la economía estatal.

El artículo es muy similar al que contempla el Estatuto de Autonomía de Andalucía para conferir competencias a la Comunidad Autónoma sobre la materia. Al respecto, en opinión de López Benítez, *tal cautela nos sitúa cabalmente ante toda esa gama de títulos competenciales del Estado y de principios constitucionales, aludidos en el art. 48.3 E.A. And., conforme a los cuales o de acuerdo con los cuales debe ejercitarse la competencia autonómica. Entre todos ellos, sabemos también que el respeto a la «ordenación general de la economía» sirve incluso de enmarque constitucional a la competencia autonómica sobre esta materia (art. 148.1.7.ª CE). Una competencia que, como el Tribunal Constitucional nos ha recordado, no pierde por ello su condición de exclusiva: [...] el carácter exclusivo con el que se califica la competencia autonómica sobre la agricultura no impide toda intervención estatal en este sector. Ello no sólo porque ciertas materias o actividades estrechamente vinculadas a la agricultura son subsumibles bajo enunciados competenciales que el artículo 149.1 confía al Estado, sino también y sobre todo porque tanto el artículo 148.17 CE como los Estatutos de autonomía dejan a salvo las facultades de ordenación de la economía reservadas con carácter general al Estado por el artículo 149.1.13.ª CE (STC 186/1988, FJ 2.º)*[61].

El apartado primero del artículo recoge las funciones que abarcan la competencia exclusiva referida, comprendiendo la regulación y desarrollo de la agricultura, la ganadería y el sector agroalimentario; la regulación y la ejecución de los procesos de producción; la regulación de la participación

61 López Benítez. *Comentarios al Estatuto de Autonomía para Andalucía*. Obra coordinada por Pedro Cruz Villalón/Manuel Medina Guerrero. Parlamento de Andalucía. Ideas más tecnología. 2012. Pág. 789.

de las organizaciones agrarias y ganaderas en organismos públicos canarios; la sanidad vegetal y animal cuando no tenga efectos sobre la salud humana así como la protección y el bienestar de los animales; la investigación, el desarrollo, la transferencia tecnológica agrícola, ganadera, forestal y agroalimentaria; la innovación de las industrias agroalimentarias y de las explotaciones agrarias; y la formación en estas materias; Las ferias y los certámenes agrícolas, ganaderos, agroalimentarios y forestales; el desarrollo integral y sostenible del medio rural; La regulación y fomento de la producción y el uso de la biomasa; la recuperación, conservación y promoción de los cultivos autóctonos de Canarias; y finalmente la promoción de la producción integrada y ecológica.

El apartado segundo del artículo 130 E.A.Can. establece la competencia de desarrollo legislativo y de ejecución que ostenta la Comunidad Autónoma sobre la planificación de la agricultura y la ganadería y el sector agroalimentario así como la regulación y el régimen de intervención administrativa y de usos de los montes, de los aprovechamientos y los servicios forestales y de las vías pecuarias de Canarias.

La competencia en montes y aprovechamientos forestales contemplada en el artículo 131 E.A.Can. si bien es una competencia exclusiva de las Comunidades Autónomas (art. 148. 1 8º CE), el Estado se reserva la legislación básica sobre la misma (art. 149 1. 23º). En base a ello, la Comunidad Autónoma de Canarias, tanto en el Estatuto de Autonomía aprobado por Ley Orgánica 10/1982 como en el actual, asumió la competencia de desarrollo legislativo y de ejecución sobre esta materia a través del artículo 130.2 b). En esta cuestión existe divergencia con otras normas estatutarias que confieren a la competencia sobre esta materia la naturaleza de exclusiva. En opinión de Alicia Espejo Campos, en base a la definición efectuada por los artículos 95 y 96 del Estatuto de Autonomía, la materia de montes y aprovechamientos forestales es, como bien establece el artículo 130. 2 b), una competencia de desarrollo legislativo y de ejecución y no puede ser una competencia exclusiva porque el Estado tiene la competencia para dictar las bases[62].

Compartimos dicha opinión pues en base a esa potestad para dictar las bases sobre la materia se aprobó la Ley 43/2003, de 21 de noviembre, de Montes, que venía a susti-

62 Alicia Espejo Campos. *El Estatuto de Autonomía de Canarias*. Thompson Reuters. Pág. 585.

tuir a la anterior Ley de Montes de 1957, y que en la propia Exposición de Motivos afirma: *que la ley designa a las Administraciones autonómicas como las responsables y competentes en materia forestal, de acuerdo con la Constitución y los estatutos de autonomía. Al mismo tiempo, clarifica las funciones de la Administración General del Estado, fundamentadas en su competencia de legislación básica en materia de montes, aprovechamientos forestales y medio ambiente, además de otros títulos.*

En virtud de los dispuesto en el apartado primero del artículo 131 E. A. Can. corresponde a la Comunidad Autónoma de Canarias la competencia exclusiva en materia de caza, que incluye, en todo caso, la planificación, la regulación, la vigilancia, así como la fijación del régimen de aprovechamiento de los recursos cinegéticos.

La normativa canaria sobre la materia se sustenta en la Ley 7/1998, de 6 de julio, de caza de Canarias desarrollada por el Decreto 42/2003, de 7 de abril. No obstante la citada normativa se ha visto superada por la normativa estatal, tras la aprobación de la Ley 42/2007, de 13 de diciembre, del Patrimonio Natural y de la Biodiversidad cuyo Capítulo IV del Título III regula la protección de las especies en relación con la caza y con la pesca que, *"en su condición de aprovechamiento de recursos naturales, deben garantizarse, pero limitando su aplicación a los espacios, fechas, métodos de captura y especies que determinen las Comunidades Autónomas, que en ningún caso incluirán las especies del Listado de Especies de Interés Especial, o los métodos o especies prohibidos por la Unión Europea"*. Al respecto conviene destacar la Directiva 2009/147/CE del Parlamento Europeo y del Consejo, de 30 de noviembre de 2009, relativa a la conservación de la aves silvestres.

Igualmente, en base a lo establecido en el apartado segundo del mismo artículo 131 corresponde a la Comunidad Autónoma de Canarias, en las aguas canarias definidas conforme establece el artículo 4 del Estatuto, de acuerdo con la legislación estatal, la competencia en materia de ordenación del sector pesquero y recreativo y el fomento de las actividades de investigación, de desarrollo y de innovación y transferencia de tecnologías pesqueras, que favorezcan el aprovechamiento racional y sostenible, la conservación de los recursos marinos, así como la mejora de la calidad de vida del sector pesquero.

La Ley 17/2003, de Pesca de Canarias, de 10 de abril, aprobada al amparo de la anterior norma estatutaria, en su Preámbulo establece que el artículo 149.1.19ª de la Constitución atribuye al Estado la competencia exclusiva en materia de pesca marítima, sin perjuicio de las que en la ordenación del sector se atribuyan a las comunidades autónomas, siendo el artículo 32.16ª del Estatuto de Autonomía de Canarias el que establece que la Comunidad Autónoma de Canarias tiene las competencias de desarrollo legislativo y de ejecución de la normativa básica del Estado en materia de ordenación del sector pesquero. Por otra parte el apartado cuarto del artículo 131 E. A. Can. atribuye a la Comunidad Autónoma, sin perjuicio de las que puedan corresponder al Estado, la competencia exclusiva en aguas interiores para delimitar y declarar zonas protegidas de interés pesquero, así como para establecer zonas de especial interés para el marisqueo, la acuicultura y actividades de recreo, deportivas y ecoturísticas.

Finalmente, el artículo 132 E. A. Can. confiere a la Comunidad Autónoma la competencia exclusiva sobre denominaciones de origen y otras menciones de calidad, respetando lo dispuesto en el artículo 149.1.13.a de la Constitución. En opinión de Espejo Campos, el hecho de que se trate de una competencia exclusiva de las Comunidades Autónomas, no obsta para que el Estado interfiera a través de títulos competenciales transversales. En esta materia pueden citarse los siguientes títulos: relaciones internacionales (art. 149.3 CE), Legislación Mercantil (149.1. 6º CE), Propiedad Industrial (art.. 149.1 9º CE), comercio exterior (art. 149.1 10 º), bases y coordinación de la planificación general de la actividad económica (149. 1 13º), sanidad (149.1 16º) y medio ambiente (149.1 23º)[63].

No resulta desdeñable, dada la concurrencia de Administraciones Públicas implicadas en la regulación de la materia no traer a colación la propia atención conferida por la Administración de la Unión Europea al respecto y fundamentalmente a través del Reglamento (UE) 1151/2012 sobre regímenes de calidad de los productos agrícolas y alimenticios o el Reglamento (UE) 1308/2013 que incorpora la regulación de las DOP/IGP vinícolas así como el Reglamento (UE) 251/2014 sobre las indicaciones geográficas de los productos vitivinícolas aromatizados.

63 Alicia Espejo Campos. *El Estatuto de Autonomía de Canarias.* Thompson Reuters. Pág. 597.

En Canarias y en base al título competencial se aprobó la Ley 6/2019, de 9 de abril, de Calidad Agroalimentaria, y con anterioridad la Ley 10/2006, de 11 de diciembre, de Consejos Reguladores de Vinos de Canarios.

6.4. Educación, investigación, cultura y deporte

Corresponde a la Comunidad Autónoma de Canarias la competencia de desarrollo legislativo y de ejecución, en materia de enseñanza no universitaria, con relación a las enseñanzas obligatorias y no obligatorias que conducen a la obtención de un título académico o profesional con validez en todo el Estado y a las enseñanzas de educación infantil, dejando a salvo lo dispuesto en los artículos 27 y 149.1.30.a de la Constitución.

En relación con el contenido de las enseñanzas básicas, el Tribunal Constitucional entiende que el sentido de atribuir esta competencia al Estado reside en el objetivo de conseguir una formación

común de todos los estudiantes de un determinado nivel formativo, sea cual sea la comunidad autónoma a la que pertenezcan. La competencia que se examina persigue, por tanto, obtener un nivel mínimo de homogeneidad en la formación de los escolares (SSTC 87/1983, FF.JJ. 3.º-5.º, y 88/1983, FF.JJ. 3.º y 4.º)[64].

El Real Decreto 2091/1983, de 28 de julio, constituye el primer hito normativo que dotó de competencias efectivas a la Comunidad Autónoma en materia educativa. A través de dicho decreto de transferencias de competencias se acordaba el traspaso de servicios, instituciones, medios personales y materiales, créditos presupuestarios y expedientes a la Comunidad Autónoma de Canarias.

El apartado segundo atribuye a la Comunidad Autónoma, en materia de enseñanza no universitaria, la competencia exclusiva sobre las enseñanzas postobligatorias que no conduzcan a la obtención de título o certificación académica o profesional con validez en todo el Estado, y sobre los centros docentes en que se impartan estas enseñanzas.

---

64 Gamero Casado. *Comentarios al Estatuto de Autonomía para Andalucía*. Obra coordinada por Pedro Cruz Villalón/Manuel Medina Guerrero. Parlamento de Andalucía. Ideas más tecnología. 2012. Pág. 856.

En lo que se refiere a las enseñanzas especializadas (o no regladas), la competencia corresponde en bloque a las comunidades autónomas (STC 147/1992, FF.JJ. 2.º-6.º), que pueden establecer el régimen relativo a la ordenación de los títulos, así como crear las estructuras que estimen oportunas para su impartición. En este ámbito se incluye la formación profesional ocupacional, que no se integra ni forma parte del sistema educativo, toda vez que se endereza a la articulación de acciones de formación continua de trabajadores en activo; en cambio, la formación profesional reglada, que se ordena a la articulación de los saberes o la cualificación con base en aptitudes específicas mediante su estratificación en niveles o grados, que conducen a la obtención de títulos académicos o profesionales que habilitan para el ejercicio de determinadas profesiones u oficios (STC 95/2002, FJ 6.º). De tal manera que, en la formación profesional reglada (ciclos formativos), se produce el esquema de reparto bases más desarrollo, en tanto que en el formación profesional ocupacional la competencia autonómica es plena[65].

En materia de Universidades, el artículo 134 E.A.Can. confiere a la Comunidad Autónoma de Canarias, respetando la autonomía universitaria, la competencia de desarrollo legislativo y de ejecución en materia de enseñanza universitaria. Sobre la materia el legislador gradúa las competencias y, de nuevo, eleva al Estatuto de Autonomía funciones que ya estaban contenidas en los decretos de traspaso y en la normativa autonómica, siendo muestra de ello la Ley 5/1989, de Reorganización Universitaria de Canarias y la Ley 11/2003, de Consejos Sociales y Coordinación del Sistema Universitario de Canarias[66].

La Comunidad Autónoma posee la competencia exclusiva en materia de investigación, desarrollo e innovación científica y tecnológica con relación a sus propios centros y estructuras de investigación, de conformidad a lo dispuesto en el artículo 135 E.A.Can.

En el ámbito de dicha competencia le corresponde:

a) La creación, organización, régimen de funcionamiento, seguimiento, control y acreditación de los mismos.

---

65 GAMERO CASADO. *Comentarios al Estatuto de Autonomía para Andalucía*. Obra coordinada por PEDRO CRUZ VILLALÓN/MANUEL MEDINA GUERRERO. Parlamento de Andalucía. Ideas más tecnología. 2012. Pág. 856.

66 CLAUDIA HERNÁNDEZ LÓPEZ. *El Estatuto de Autonomía de Canarias*. Thompson Reuters. Pág. 605.

b) El establecimiento de líneas propias de investigación y el seguimiento, control y evaluación de los proyectos científicos o tecnológicos.

c) La regulación y gestión de las becas y demás ayudas convocadas y financiadas por la Comunidad Autónoma de Canarias.

d) La regulación y la formación profesional del personal investigador y de apoyo a la investigación.

e) La difusión de la ciencia y la transferencia de resultados.

f) El fomento de la investigación científica, el desarrollo y la investigación tecnológica.

Respecto a la competencia concurrente con el Estado, corresponde a la Comunidad Autónoma la competencia de desarrollo legislativo y de ejecución en materia de coordinación de los centros y estructuras de investigación de las Administraciones Públicas canarias.

Finalmente, al amparo de lo dispuesto en el apartado tercero del artículo 135 E.A.Can., la Administración autonómica formulará, en colaboración con el Estado, las políticas de investigación, desarrollo e innovación científica y tecnológica, que sean de especial interés para Canarias.

En base a esta competencia –ya recogida en el artículo 30.8 de la anterior norma autonómica– se dictó la Ley 5/2001, de 9 de julio, de Promoción y Desarrollo de la Investigación Científica y la Innovación. La Ley –tal y como se recoge en su Preámbulo– contempla la existencia de tres grandes planes, que deberán ser los catalizadores de las actividades de investigación, desarrollo e innovación de la Comunidad Autónoma: el Plan Canario de Investigación, Desarrollo e Innovación, el Plan Canario de Cooperación Científico-Técnica con redes internacionales y el Plan Canario de Formación del Personal Investigador.

De conformidad a lo dispuesto en los artículos 136 y 137 E.A. Can. corresponde a la Comunidad Autónoma la competencia exclusiva en materia de cultura, que comprende las actividades artísticas y culturales que se lleven a cabo en Canarias así como la competencia exclusiva sobre el patrimonio cultural, sin perjuicio del artículo 149.2 de la Constitución, que en todo caso incluye la regulación del régimen jurídico de los bienes, actividades y demás manifestaciones que lo integran por sus valores históricos, arquitectónicos, artísticos, arqueológicos, etnográficos, paleontológicos, científicos o técnicos, así como los bienes inmateriales de la cultura popular canaria y las particularidades lingüísticas del español hablado en Canarias.

Inicialmente, tales competencias se reconocían solo para el fomento de las citadas materias en virtud del artículo 29.9 E.A. Can. aprobado por LO 10/1982. Sin embargo, la STC 90/1992, al pronunciarse sobre el reparto de competencias en investigación, señaló la concurrencia existente en otras materias como cultura. En consecuencia, el artículo 30.9 del Estatuto de Autonomía de Canarias, en general, en materia de cultura y patrimonio cultural, sin perjuicio de la competencia del Estado para la defensa contra la exportación y la expoliación de bienes del patrimonio cultural, así como en archivos, museos y bibliotecas que sean de titularidad estatal[67].

Al amparo de la competencia estatutaria se aprobó la Ley 4/1999 de Patrimonio cultural de Canarias, hoy sustituida por la Ley 11/2019, de 25 de abril, de idéntica denominación.

Finalmente en el artículo 138 E. A. Can. se establece la competencia exclusiva en materia de deporte y actividades de ocio conferida a la Comunidad Autónoma y a continuación desglosa las facultades que comprende la meritada competencia. No obstante y a pesar de la competencia exclusiva que la Comunidad Autónoma posee sobre la materia, no resulta dable desdeñar los títulos competenciales que posee el Estado en relación al deporte, fundamentalmente a raíz de la STC 16/1996, que faculta al Estado para la coordinación de las Comunidades Autónomas en relación con la actividad deportiva en general, y particularmente respecto al deporte de alto nivel. En el marco de dicha competencia se aprobó por el Estado la Ley 10/1990, de 15 de octubre del Deporte o la Ley 19/2007, de 11 de julio, contra la violencia, el racismo, la xenofobia y la intolerancia en el deporte. En el ámbito autonómico la Ley que regula la materia es la Ley 1/2019, de 30 de enero, de la Actividad Física y el Deporte de Canarias.

6.5. Empleo, sanidad y políticas sociales

Respecto a empleo, la competencia reservada a la Comunidad Autónoma en el artículo 139 E. A. Can. es fundamentalmente de naturaleza ejecutiva por cuanto la competencia

67 CLAUDIA HERNÁNDEZ LÓPEZ. *El Estatuto de Autonomía de Canarias*. Thompson Reuters. Pág. 610.

sobre legislación laboral es exclusiva del Estado, incluyendo tanto la facultad para dictar leyes como para aprobar reglamentos sobre la materia. Las Comunidades Autónomas pueden promulgar disposiciones legislativas siempre que tengan por objeto llevar a cabo la ejecución de la legislación laboral estatal: serán disposiciones de carácter organizativo que desarrollarán servicios y otros aspectos derivados de su potestad organizadora y serán, sin duda, disposiciones internas de la propia autonomía sin posibilidad de proyección o alcance supraautonómico[68].

Las competencias ejecutivas en materia de empleo y relaciones laborales, incluyen, en todo caso las políticas activas de empleo, que comprenderán la formación de los demandantes de empleo y de los trabajadores en activo, así como la gestión de las subvenciones correspondientes; la intermediación laboral y el fomento del empleo; las cualificaciones profesionales en Canarias; los procedimientos de regulación de empleo y de actuación administrativa en materia de traslados colectivos entre centros de trabajo situados en Canarias; la prevención de riesgos laborales y la seguridad en el trabajo; la determinación de los servicios mínimos de las huelgas que tengan lugar en el ámbito territorial de Canarias, en los supuestos en que dichos servicios mínimos sean responsabilidad de la Comunidad Autónoma de Canarias; los instrumentos de conciliación, mediación y arbitraje laborales; la potestad sancionadora de las infracciones del orden social en el ámbito de sus competencias; el control de legalidad y, si procede, el registro posterior de los convenios colectivos de trabajo en el ámbito territorial de Canarias; así como la elaboración del calendario de días festivos en el ámbito de la Comunidad Autónoma.

En base al apartado segundo del artículo 139 E. A. Can. corresponde a la Comunidad Autónoma la competencia ejecutiva sobre la función pública inspectora en todas aquellas materias reflejadas anteriormente y a tal efecto, los funcionarios de los cuerpos que realicen dicha función dependerán funcionalmente de la Administración Pública de la Comunidad Autónoma. Finalmente, el apartado tercero establece que a través de los mecanismos de cooperación previstos en el Estatuto y de los contemplados en la normativa general sobre función inspectora se establecerán las fórmulas de

68 MARGARITA RAMOS QUINTANA. *El Estatuto de Autonomía de Canarias*. Thompson Reuters. Pág. 623.

garantía del ejercicio eficaz de la función inspectora en el ámbito social, ejerciéndose las competencias del Estado y de la Comunidad Autónoma de Canarias de forma coordinada, conforme a los planes de actuación que se determinen a través de los indicados mecanismos.

La materia relativa a la función inspectora ha sido objeto de acalorado debate constitucional por cuanto el carácter estatal de la Inspección de Trabajo y la necesidad de contar con criterios uniformes de aplicación de la norma en materia de relaciones laborales que como hemos visto es competencia exclusiva del Estado, dificultaba el ejercicio de competencias autonómicas sobre la materia.

La cuestión queda definitivamente resuelta a través de la STC 31/2010, FJ 106.° *in fine*) y así, considera que la regulación estatutaria no impide, pero tampoco implica, que se mantenga la actual dualidad de funciones de los funcionarios del cuerpo nacional de ITSS, en la medida en que sigan atribuyendo a los mismos cometidos y funciones correspondiente en materias tanto de competencia autonómica como de competencia estatal. Por lo tanto, para el Tribunal Constitucional, el Estatuto de Cataluña no abandera ni abogaría por ningún modelo único o rígido, de modo que admite desde el modelo legislativo dual actual, con un reparto de dependencias de tipo funcional en razón de la materia, hasta el nuevo modelo unitario autonómico, con exclusividad de dependencias tanto funcional como orgánica. Asimismo, el Tribunal Constitucional va más allá, y considera que cualquiera que fuese el modelo final resultante de aplicar la novedad estatutaria, *«tampoco implica necesariamente la ruptura de la unidad del cuerpo nacional de funcionarios ni impide su mantenimiento, lo que constituye una opción legal compatible con la regulación estatutaria»*. (STC 31/2010, FJ 106.° *in fine*)[69].

En materia de Seguridad Social establece el artículo 140 E.A.Can. que corresponde a la Comunidad Autónoma el desarrollo legislativo y la ejecución de la legislación estatal de la Seguridad Social, a excepción de su régimen económico, pudiendo además tener competencias ejecutivas sobre la gestión del régimen económico de la Seguridad Social, con pleno respeto a los principios de unidad económico-patrimonial y solidaridad financiera de la Seguridad Social.

---

69 MOLINA NAVARRETE. *Comentarios al Estatuto de Autonomía para Andalucía*. Obra coordinada por PEDRO CRUZ VILLALÓN/ MANUEL MEDINA GUERRERO. Parlamento de Andalucía. Ideas más tecnología. 2012. Pág. 1067.

Ello es coherente con la actual distribución de competencias entre Estado y Comunidades Autónomas en materia de Seguridad Social. Ilustrativa es la STC 52/2017, a propósito de la resolución del Conflicto Positivo de Competencias planteado por el Gobierno de la Nación respecto del Decreto del Consejo de Gobierno de la Generalitat de Cataluña 16/2015, de 24 de febrero, por el que se crea el Comisionado para la Transición Nacional, y los planes ejecutivos para la preparación de las estructuras de Estado y de infraestructuras estratégicas. Establece el Fundamento Jurídico Octavo: La misma conclusión se impone a propósito del «plan y diseño de la administración y la tesorería de la seguridad social catalana», plan que pretende configurar un «modelo» propio de seguridad social y una «tesorería» también propia. La Generalitat puede, sin duda, planificar y diseñar su organización interna para el ejercicio de las competencias que, en punto a la Seguridad Social, le atribuye el Estatuto de Autonomía de Cataluña [art. 165 y STC 128/2016, FJ 9 A)]. Es manifiesto, sin embargo, que no figura entre tales competencias ni la de dotarse de una propia «tesorería» en este ámbito ni la de configurar un «modelo», también propio, de seguridad social, determinaciones, una y otra, del todo incompatibles con la Constitución y con el Estatuto de Autonomía de Cataluña, pues el régimen económico de la Seguridad Social corresponde en exclusiva al Estado (art. 149.1.17 CE, sin perjuicio de lo previsto en el art. 165.1 EAC), al que también compete, en iguales términos de exclusividad, definir un «modelo» de gestión que entra, de lleno, en la legislación básica sobre esta institución que la Constitución asimismo le encomienda [art. 149.1.17 y STC 128/2016, FJ 9 C)]. Basta con lo dicho para constatar que la decisión del Gobierno relativa a este plan se adoptó sin fundamento competencial alguno y con patente ignorancia de las competencias exclusivas del Estado en la materia[70].

Respecto a la salud, sanidad y farmacia, el apartado primero del artículo 141 dispone que corresponde a la Comunidad Autónoma la competencia exclusiva sobre organización, funcionamiento interno, evaluación, inspección y control de centros, servicios y establecimientos sanitarios.

En primer lugar cabe decir que tal y como afirma el profesor Solozábal, que el derecho a la salud, como conjunto de atenciones sanitarias, de carácter preventivo o reparador,

---

70 STC 52/2017. BOE 15 de junio de 2017.

se encuentra reconocido constitucionalmente en términos generales o universales en el artículo 43 CE y materialmente, es decir, por lo que tiene que ver con la relevancia de su contenido, se trata de un derecho fundamental en la medida de la relación de dicho derecho con la dignidad de la persona, de manera que alguien a quien no alcanzara una protección de su salud en un grado suficiente debería considerarse como tratado indignamente y obstaculizado gravemente en su desarrollo como su persona[71]. De hecho, el propio Estatuto de Autonomía en su artículo 19 garantiza el derecho de todas las personas a la protección de la salud y al acceso en condiciones de igualdad y gratuidad al servicio sanitario de responsabilidad pública, en los términos establecidos por las leyes, y por lo tanto su vulneración permitiría al amparo de lo dispuesto en el artículo 36 del Estatuto impetrar su aplicación a través del proceso especial que pudiera articularse al respecto.

En cuanto a la competencia la propia Ley 14/1986, de 25 de abril, General de Sanidad en su artículo 50 establece que en cada Comunidad Autónoma se constituirá un Servicio de Salud integrado por todos los centros, servicios y establecimientos de la propia Comunidad, Diputaciones, Ayuntamientos y cualesquiera otras Administraciones territoriales intracomunitarias, que estará gestionado bajo la responsabilidad de la respectiva Comunidad Autónoma.

En esta materia ha de quedar claro la exigencia constitucional de un sistema de sanidad (STC 32/1983) de carácter global. Esta afirmación significa que son esenciales el ejercicio, en materia de sanidad interior de las funciones del Estado, establecer las bases de la sanidad y los mecanismos de coordinación general de conformidad a lo dispuesto en el artículo 149.1 16 CE[72].

En el ámbito de sus competencias, la Comunidad Autónoma aprobó la Ley 11/1994, de 26 de julio, de Ordenación Sanitaria de Canarias. No obstante, hay que recordar que la norma que especifica el tipo de prestaciones en que consiste el derecho a la salud es la Ley 16/2003, de 28 de mayo, de Cohesión y Calidad del Sistema Nacional de Salud, la cual ofrece unos criterios para la configuración de la asistencia

---

71 J.J. Solozábal. *Pensamiento federal español y otros studios autonómicos*. Pág. 282.

72 Manuel Álvarez de la Rosa. *El Estatuto de Autonomía de Canarias*. Thompson Reuters. Pág. 636.

sanitaria a través del catálogo de prestaciones del Sistema Nacional de Salud, que pueden ser complementadas por las propias Comunidades Autónomas.

El precepto en su apartado cuarto atribuye a la Comunidad Autónoma la competencia de desarrollo legislativo y de ejecución en materia de ordenación farmacéutica, así como la competencia ejecutiva de la legislación estatal en materia de productos farmacéuticos. La competencia autonómica puede llegar a la creación de un catálogo priorizado de productos farmacéuticos en la medida en que dicho catálogo no contravenga el procedimiento de prescripción y dispensación de tales productos sanitarios (STC 211/2014). Respecto a las oficinas de farmacia son establecimientos sanitarios y la determinación general de los requisitos técnicos y condiciones mínimas para la aprobación, homologación, autorización, revisión o evaluación de instalaciones, equipos, estructuras, organización y funcionamiento, debe entenderse como competencia de fijación de bases, en cuanto tratan de establecer las características mínimas de los centros que las Comunidades Autónomas, pueden incrementar bajo el título competencial del desarrollo normativo de las bases estatales (STC 137/2003)[73].

La intervención normativa de la Comunidad Autónoma sobre la materia se efectúa en base a la atribución contenida en el artículo 30.31 del anterior Estatuto de Autonomía de Canarias, aprobado por Ley Orgánica 10/1982, de 10 de agosto, modificada por Ley Orgánica 4/1996, de 30 de diciembre, y que dio lugar a la Ley 4/2005, de 13 de julio, de Ordenación Farmacéutica de Canarias.

En materia de sanidad exterior, la competencia exclusiva recae en el Estado en base a lo dispuesto en el artículo 149. 1. 16º CE. No obstante, el apartado quinto del artículo 141 E. A. Can. establece la adopción de las medidas de cooperación entre la Comunidad Autónoma y el Estado en dicho ámbito que garanticen el nivel sanitario en las islas, debiendo acordarse en materia de sanidad vegetal, los correspondientes mecanismos de colaboración entre la Comunidad Autónoma y el Estado que permitan el mantenimiento del *status* fitosanitario en las Islas Canarias, disponiendo el apartado sexto del meritado artículo el establecimiento de las medidas de cooperación con la Comunidad Autónoma, en aquellos

73 Manuel Álvarez de la Rosa. *El Estatuto de Autonomía de Canarias*. Thompson Reuters. Pág. 640.

aspectos previstos por el Estado, para garantizar la adecuada gestión de la protección de la salud de la población.

En materia de políticas sociales, el Estatuto hace referencia a servicios sociales, vivienda, inmigración, políticas de género, políticas de juventud, voluntariado, menores y protección a la familia.

Para ello, el artículo 142 E. A. Can. dispone que corresponde a la Comunidad Autónoma la competencia exclusiva en materia de servicios sociales, incluyendo, en todo caso la regulación y la ordenación de los servicios sociales; las prestaciones técnicas y económicas con finalidad asistencial o complementaria de otros sistemas de previsión pública; así como de los planes y los programas específicos dirigidos a personas y colectivos en situación de pobreza o de necesidad social y finalmente el control de los sistemas privados de protección social complementaria. Al amparo de la competencia se aprobó la Ley 16/2019, de 2 de mayo, de servicios sociales de Canaria, resultando el instrumento central de este nuevo marco legislativo para Canarias la instauración del derecho a los servicios sociales, constituido como un derecho subjetivo y universal de la ciudadanía. Ha de reseñarse que sobre la materia tanto Cabildos Insulares como Ayuntamientos poseen competencias en el marco de la legislación local y que son objeto de regulación pormenorizada en los artículos 49 y 50 de la Ley 16/2019, además de lo establecido en las Leyes 7/2015 de Ayuntamientos de Canarias y 8/2015 de Cabildos Insulares.

En materia de vivienda corresponde a la Comunidad Autónoma la competencia exclusiva que incluye, en todo caso: la ordenación, planificación, gestión, fomento, protección, control de calidad, inspección y sanción en materia de vivienda, de acuerdo con las necesidades sociales, de equilibrio territorial y de sostenibilidad así como la promoción pública de la vivienda, con especial atención al patrimonio público del suelo.

La competencia exclusiva en materia de vivienda descansa en la redacción del artículo 148.1 3º CE que atribuye la posibilidad a la Comunidad Autónoma de asumir competencias en materia tanto de vivienda como de ordenación del territorio y urbanismo.

El artículo es similar al artículo 56 contemplado en el Estatuto de Autonomía de Andalucía. Al respecto López Benítez, en cuanto a la naturaleza exclusiva de la competencia afirma que no obstante, con respecto al carácter exclusivo de esta competencia autonómica sobre vivienda, hay que insistir en lo mismo que hemos repetido acerca de las otras determinaciones de este art. 56, que dicha condición exclusiva no impide que sobre ella incidan o proyecten sus efectos algunos títulos competenciales del Estado. La jurisprudencia constitucional, que, por regla, ha afirmado el carácter exclusivo de la competencia autonómica en materia de vivienda, ha reconocido, no obstante, la legitimidad de ciertas intervenciones del Estado amparadas en el art. 149.1.13.ª CE (STC 152/1988, FJ 2.º) y, muy señaladamente, la legitimidad de los planes estatales de vivienda, cuya ejecución, salvo casos muy excepcionales de gestión necesariamente centralizada, el Tribunal Constitucional siempre ha entendido que competían a la Comunidad Autónoma (STC 59/1995, FF.JJ. 2.º-5.º)[74].

El principal instrumento normativo de la Comunidad Autónoma está constituido por la Ley 2/2003, de 30 de enero, de Vivienda de Canarias que en su artículo tres atribuye el ejercicio de las competencias tanto a la propia Comunidad Autónoma como a los cabildos insulares, los ayuntamientos, el Instituto Canario de la Vivienda y los Consorcios Insulares de Vivienda.

Respecto a inmigración, el artículo 143 E.A.Can. atribuye a la Comunidad Autónoma la competencia exclusiva en la atención sociosanitaria y de orientación de los inmigrantes no comunitarios, el desarrollo de la política de integración de las personas inmigradas en el marco de sus competencia, la adopción de las medidas necesarias para la integración social y económica de las personas inmigrantes y para la garantía de sus derechos y el cumplimiento de sus deberes, así como el establecimiento, de acuerdo con la normativa estatal, de un marco de referencia para la acogida e integración de las personas inmigrantes, incluidos los menores extranjeros no acompañados.

Igualmente corresponde a la Comunidad Autónoma la competencia ejecutiva en materia de autorización de trabajo de los extranjeros cuya relación laboral se desarrolle en Canarias, debiendo ejercerse dicha competencia en necesaria coordinación con la que corresponde al Estado en materia de entrada y residencia de extranjeros y en el marco de su legislación.

74 López Benítez. *Comentarios al Estatuto de Autonomía para Andalucía*. Obra coordinada por Pedro Cruz Villalón/Manuel Medina Guerrero. Parlamento de Andalucía. Ideas más tecnología. 2012. Pág. 929.

Respecto a las políticas de género el artículo 145 E.A.Can. atribuye a la Comunidad Autónoma la competencia exclusiva para llevar a cabo las políticas públicas al respecto respetando en todo caso lo establecido por el Estado en el ejercicio de la competencia que le atribuye el artículo 149.1.1.a de la Constitución, vinculada a la regulación de las condiciones básicas que garanticen la igualdad de todos los españoles en el ejercicio de los derechos y en el cumplimiento de los deberes constitucionales.

La competencia comprende la promoción de la igualdad de hombres y mujeres en todos los ámbitos sociales, laborales, económicos o representativos; la planificación y ejecución de normas y planes en materia de políticas para la mujer, así como el establecimiento de acciones positivas para erradicar la discriminación por razón de sexo, y finalmente la promoción del asociacionismo de mujeres.

En base al mandato constitucional y al artículo 5 del anterior Estatuto de Autonomía de Canarias que recogía como principio rector: *la promoción de las condiciones necesarias para el libre ejercicio de los derechos y libertades de los ciudadanos y de la igualdad de los individuos y los grupos en que se integran* se aprobó la Ley 1/2010, de 26 de febrero, canaria de igualdad entre hombres y mujeres.

Igualmente corresponde a la Comunidad Autónoma de Canarias el desarrollo legislativo y ejecución de la legislación básica estatal en materia de lucha contra la violencia de género, la planificación de actuaciones y la capacidad de evaluación y propuesta ante la Administración General del Estado. Al respecto ya la Comunidad Autónoma de Canarias aprobó la Ley 16/2003, de 8 de abril, de prevención y protección integral de las mujeres contra la violencia de género.

Corresponde a la Comunidad Autónoma de Canarias la competencia exclusiva en materia de juventud en virtud de lo dispuesto en el artículo 146 E.A.Can.

El artículo 147 E.A.Can atribuye a la Comunidad Autónoma la competencia exclusiva en materia de voluntariado así como la competencia exclusiva en materia de protección de menores que incluye, en todo caso, la regulación del régimen de protección y de las instituciones públicas de protección y tutela de los menores desamparados, en situación de riesgo y de los menores infractores, sin perjuicio de lo dispuesto en la legislación civil y penal

Igualmente el artículo reconoce a la Comunidad Autónoma la competencia exclusiva en materia de promoción de las familias y de la infancia, que, en todo caso, incluye las medidas de protección social y su ejecución.

Respecto a la redacción de este artículo, coincidimos con Estévez González, quien critica que se trata de una mera reproducción del artículo 61.2 del Estatuto de Autonomía de Andalucía y que probablemente podría haberse mejorado, revisado y actualizado el texto de referencia, pues ese tipo de revisión normativa hubiera permitido, particularmente en lo que hace a la protección y tutela de menores, su contextualización y puesta al día desde el punto de vista del marco jurídico constitucional, de las formas de colaboración y cooperación entre Administraciones Públicas y de las funciones, recursos e instituciones implicadas[75].

6.6. Seguridad

Corresponde a la Comunidad Autónoma de Canarias el establecimiento de políticas de seguridad públicas y de protección de personas y bienes en los términos previstos en el artículo 149.1.29.ª de la Constitución.

De igual forma se atribuye a la Comunidad Autónoma de Canarias competencias sobre la creación, organización y mando de un Cuerpo de Policía Canaria que, sin perjuicio de las funciones de los Cuerpos de Seguridad del Estado, y en el marco de lo dispuesto en el artículo 149.1.29.ª de la Constitución, desempeñe en su integridad las que le sean propias bajo la directa dependencia del Gobierno de Canarias.

El Estatuto de Autonomía anterior ya preveía la posibilidad de constituir una policía de orden autonómica, y así se alumbró la Ley 2/2008, del Cuerpo General de la Policía Canaria, contemplando en base a la redacción del Preámbulo de dicha norma un sistema de seguridad canario desde una perspectiva más orgánica.

Corresponde, asimismo, a la Comunidad Autónoma la ordenación general y la coordinación supramunicipal de las policías locales canarias, sin perjuicio de su dependencia de

75 Carmen Estévez González. *El Estatuto de Autonomía de Canarias*. Thompson Reuters. Pág. 655.

las autoridades municipales, contemplando además el Estatuto de Autonomía la creación de una Junta de Seguridad que, con representación paritaria del Gobierno del Estado y del Gobierno de Canarias, asume la coordinación de las políticas de seguridad y la actuación de la policía autonómica con los Cuerpos y Fuerzas de Seguridad del Estado.

La Ley 9/2007, de 13 de abril, del Sistema Canario de Seguridad y Emergencias y de modificación de la Ley 6/1997, de 4 de julio, de Coordinación de las Policías Locales de Canarias, constituye el instrumento normativo que define el contenido, los principios y órganos del Sistema Canario de Seguridad y Emergencias y adapta y actualiza los mecanismos de coordinación de las policías locales de Canarias.

El artículo 149 E.A.Can. regula las competencias autonómicas en materia de protección civil, confiriendo a la Comunidad Autónoma la competencia para de acuerdo con la legislación estatal regular, planificar y ejecutar las medidas relativas a las emergencias y la seguridad civil, así como dirigir y coordinar los servicios de protección civil, que comprende los servicios de prevención y extinción de incendios, respetando las competencias del Estado en materia de seguridad pública.

El apartado segundo del precepto atribuye a la Comunidad Autónoma la competencia ejecutiva en materia de salvamento marítimo de acuerdo con la legislación estatal, debiendo establecerse a tal fin los sistemas de colaboración y cooperación con los servicios de salvamento dependientes del Estado.

La legislación autonómica viene dada por la Ley 9/2017, de 13 de abril, anteriormente referenciada y a nivel estatal por la Ley 17/2015, de 9 de julio, del Sistema Nacional de `Protección Civil que viene a impulsar en nuestro país el marco institucional para la puesta en funcionamiento de un auténtico sistema integrado de protección civil.

Desde un plano constitucional las competencias sobre protección civil son concurrentes entre Estado y Comunidades Autónomas. Especialmente ilustrativa es la STC 123 1984, de 18 de diciembre y 133/1990, de 19 de julio que determinan que la protección civil debe englobarse dentro del concepto de seguridad pública del artículo 149.1.29 CE, ostentando las Comunidades Autónomas competencias en materia de protección civil, especialmente para la elaboración de planes y para la dirección de sus propios servicios, pero quedando dicha competencia subordinada a las superiores exigencias del interés nacional, justificándose la asunción de competencias ejecutivas por el Estado cuando la emergencia afecte al interés nacional por su carácter grave.

De conformidad a lo establecido en el artículo 150 E.A. Can. corresponde a la Comunidad Autónoma la competencia ejecutiva en materia de seguridad privada, incluyendo en todo caso la autorización de las empresas de seguridad privada que tengan su domicilio social en el Archipiélago y cuyo ámbito de actuación esté limitado a su territorio; la autorización de los centros de formación del personal de seguridad privada; la inspección y sanción de las actividades de seguridad privada que se realicen en el Archipiélago; así como la coordinación de los servicios de seguridad e investigación privadas con la policía autonómica y las policías locales.

Para González Reyes, la proyección de la Administración del Estado sobre la prestación de servicios de seguridad por entidades privadas y sobre su personal se basa en el hecho de que los servicios que prestan forman parte del núcleo esencial de la competencia exclusiva en materia de seguridad pública atribuida al Estado por el artículo 149.1 29 de la Constitución, y en la misión que según el artículo 104 del propio texto fundamental, incumbe a las fuerzas y cuerpos de seguridad, bajo la dependencia del Gobierno, de proteger el libre ejercicio de los derechos y libertades y garantizar la seguridad ciudadana[76].

Finalmente en material de seguridad el artículo 151 E.A. Can confiere a la Comunidad Autónoma de Canarias la competencia ejecutiva en materia penitenciaria.

El art. 149.1.6.ª CE reserva al Estado la competencia exclusiva en relación con la legislación penitenciaria, que ha ejercido mediante diferentes disposiciones y, principalmente, al aprobar la Ley Orgánica 1/1979, de 26 de septiembre, General Penitenciaria, y la Ley Orgánica 7/2003, de 30 de junio, de Medidas de Reforma para el Cumplimiento Íntegro de las Penas. Por consiguiente, en virtud del principio dispositivo (art. 149.3 CE), el único aspecto en el que la comunidad autónoma puede asumir competencia es en relación con la ejecución de la legislación del Estado[77].

---

76 José Miguel González Reyez. *El Estatuto de Autonomía de Canarias*. Thompson Reuters. Pág. 676.

77 Gamero Casado. *Comentarios al Estatuto de Autonomía para Andalucía*. Obra coordinada por Pedro Cruz Villalón/Manuel Medina Guerrero. Parlamento de Andalucía. Ideas más tecnología. 2012. Pág. 1129.

La única Comunidad Autónoma que recibió traspaso de competencias en la materia, a través del Real Decreto 3482/1983, de 28 de diciembre, ha sido Cataluña y en el Artículo 168 de su Estatuto de Autonomía se desglosan las facultades asumidas que engloban la competencia ejecutiva, entre las que se encuentran la capacidad para dictar disposiciones que adapten la normativa penitenciaria a la realidad social de Cataluña o la gestión de la actividad penitenciaria en Cataluña, y especialmente la dirección, la organización, el régimen, el funcionamiento, la planificación y la inspección de las instituciones penitenciarias de cualquier tipo situadas en su territorio.

6.7. Ordenación de los recursos naturales

En materia de aguas el artículo 152 E. A.Can. atribuye a la Comunidad Autónoma, sin perjuicio de lo dispuesto en la legislación estatal, la competencia exclusiva, incluyendo en todo caso la regulación, planificación y gestión del agua, en todas sus manifestaciones, de los usos y de los aprovechamientos hidráulicos, régimen de protección, así como de las obras hidráulicas que no estén calificadas de interés general; la organización de la administración hidráulica, incluida la participación de los usuarios y la potestad de policía del dominio público hidráulico.

El apartado segundo del referido artículo establece que en los términos en que se acuerde con el Estado corresponde a la Comunidad Autónoma, en materia de obras públicas hidráulicas de interés general de titularidad estatal, su participación en la planificación y programación de las mismas, y, en su caso, la ejecución, explotación y gestión de aquellas que se establezcan en el correspondiente convenio de colaboración.

En base a lo dispuesto en el artículo 11.7 del Estatuto de Autonomía aprobado por Ley Orgánica 10/1982 se aprobó la Ley 12/1990, de 26 de julio de Aguas que regula de forma pormenorizada la ordenación, el aprovechamiento –en su sentido más amplio–, el transporte del agua y el régimen económico del dominio público hidráulico en el territorio.

Respecto a las competencias en materia de Medio Ambiente, el artículo 153 atribuye a la Comunidad Autónoma la competencia de desarrollo legislativo y de ejecución de la legislación estatal sobre la materia, incluyendo entre otras competencias el establecimiento y la regulación de los instrumentos de planificación ambiental y del procedimiento de tramitación y aprobación de estos instrumentos; la regulación, la tramitación y la resolución de los procedimientos de evaluación ambiental de las obras, las instalaciones y las actividades de su competencia y de los planes y los programas que afecten a su territorio o el establecimiento y la regulación de medidas de sostenibilidad, fiscalidad e investigación ambientales.

Por tanto, la competencia de la Comunidad Autónoma en esta materia es de naturaleza fundamentalmente de desarrollo y ejecución en el marco de la legislación básica del Estado, que en opinión de Lobo Rodrigo permite entrar en juego normas de naturaleza reglamentaria desde una visión amplia por su formulación genérica[78].

Igualmente conviene recordar que en materia de Medio Ambiente el artículo 70.2 n) E.A.Can. atribuye funciones ejecutivas a los Cabildos insulares en el marco y dentro de los límites de la legislación aplicable y que los municipios igualmente en base al artículo 75.5 g podrán ostentar competencias en materia de medio ambiente de conformidad a las transferencias o delegaciones que le sean conferidas por las leyes del parlamento de Canarias, el Gobierno, los Cabildos Insulares u otras administraciones públicas.

En base a lo establecido en el artículo 154 E.A.Can. corresponde a la Comunidad Autónoma la competencia exclusiva en materia de espacios naturales protegidos en el ámbito espacial de Canarias.

El apartado segundo del artículo dispone que la iniciativa para la declaración de un Parque Nacional corresponderá al Estado o a la Comunidad Autónoma, de acuerdo con lo establecido en la legislación estatal, requiriendo informe preceptivo de la Comisión Bilateral Canarias-Estado la declaración y delimitación de los Parques Nacionales en Canarias. La gestión de los Parques Nacionales corresponde a la Comunidad Autónoma, sin perjuicio de las competencias del Estado con relación a la red de Parques Nacionales.

El principal instrumento normativo autonómico relacionado con la materia está constituido por la Ley 4/2017, de 13 de julio, del Suelo y Espacios Naturales Protegidos de Canarias, limitándose la disposición legislativa a reiterar las

---

78 Angel Lobo Rodríguez. *El Estatuto de Autonomía de Canarias*. Thompson Reuters. Pág. 685.

normas y reglas hasta ese momento vigentes, buena parte de las cuales procede de la Ley de Espacios Naturales Protegidos de 1994, en congruencia con el principio de no regresión de esas áreas territoriales. Los únicos cambios que se introducen en la norma quedan circunscritos a su regulación conjunta en un título específico, en el que también se recogen la evaluación y declaración de los espacios de la Red Natura 2000 y se añaden las medidas de corresponsabilidad y colaboración en la sostenibilidad territorial implantadas por la Ley 14/2014, de 26 de diciembre.

En virtud de lo dispuesto en el artículo 155 corresponde a la Comunidad Autónoma de Canarias la competencia exclusiva para el establecimiento de un servicio de meteorología para la obtención de información meteorológica y climática, incluyendo el pronóstico, el control y el seguimiento de las situaciones meteorológicas de riesgo, así como la investigación en estos ámbitos y la elaboración de la cartografía climática.

La competencia en materia de ordenación del territorio y del paisaje viene recogida en el artículo 156 E.A.Can. correspondiendo a la Comunidad Autónoma de Canarias la competencia exclusiva e incluyendo:

a) El establecimiento de las directrices de ordenación y gestión del territorio, del paisaje y de las actuaciones que inciden en los mismos.

b) El establecimiento y la regulación de las figuras de planeamiento territorial, así como su gestión.

c) Las previsiones sobre emplazamientos de las infraestructuras y los equipamientos de competencia de la Comunidad Autónoma de Canarias.

d) La determinación de medidas específicas de promoción del equilibrio territorial, demográfico, socioeconómico y ambiental.

Ahora bien, el carácter exclusivo pleno de la competencia autonómica sobre ordenación del territorio tampoco debe hacernos olvidar algo que es una limitación inherente a cualquier competencia, cualquiera que sea su naturaleza y cualquiera que sea también el ente o sujeto que la ejerza. Aludimos, en particular, a que la exclusividad de la competencia autonómica sobre ordenación del territorio no es empero óbice a que sobre la misma puedan incidir otros títulos competenciales del Estado o, incluso, de la propia Comunidad

Autónoma que actúen como límites externos que deban ser tenidos en cuenta por la Comunidad Autónoma a la hora de concretar y definir su modelo territorial.

Fuera de los casos en que la jurisprudencia y la legislación resuelven el problema del entrecruzamiento de la competencia sobre ordenación del territorio con otros títulos competenciales en el sentido de otorgar prevalencia a estos últimos, cual hemos visto que sucede con los planes medioambientales de recursos naturales, la verdad es que en la mayoría de los casos la resolución de esta cuestión no es tarea fácil. La jurisprudencia constitucional ha construido una casuística doctrina que, en síntesis, puede concretarse en los siguientes puntos[79]:

-La competencia autonómica sobre ordenación del territorio no puede ser ignorada por el Estado porque tiene, precisamente, por finalidad, que su titular pueda formular una política global para su territorio, con la que se trata de coordinar las actuaciones públicas y privadas que inciden en el mismo.

-Al mismo tiempo, las competencias estatales, aunque no persigan de forma directa la ordenación del territorio, sí implican una disposición sobre determinadas porciones del territorio que viene a condicionar la capacidad de decisión de las comunidades autónomas.

-Al objeto de integrar ambas competencias se debe acudir, en primer término, a fórmulas de cooperación, de cuya puesta en práctica depende en gran parte la suerte y el correcto funcionamiento del Estado de las autonomías. Conforme a estos postulados devienen como técnicas más adecuadas: el mutuo intercambio de información, la emisión de informes previos en los ámbitos de la propia competencia, la creación de órganos de composición mixta, etc.

-Finalmente, sólo cuando estos criterios no funcionan o resultan insuficientes es cuando hay que recurrir al criterio de la llamada «competencia prevalente», lo cual no supone, sin más, otorgarle siempre primacía al plan sectorial estatal sobre el plan territorial autonómico, sino que obliga, previamente, a delimitar el ámbito natural de cada competencia en conflicto (SSTC 149/1991, FJ 1.º B y 149/1998, FJ 3.º)[80].

---

79 MUÑOZ MACHADO, S., y LÓPEZ BENÍTEZ, M. 2009, Págs. 164 y 165.

80 LÓPEZ BENÍTEZ. *Comentarios al Estatuto de Autonomía para Andalucía*. Obra coordinada por PEDRO CRUZ VILLALÓN/MANUEL MEDINA GUERRERO. Parlamento de Andalucía. Ideas más tecnología. 2012. Pág. 922.

Respecto a la Ordenación y Gestión del litoral el artículo 157 E.A.Can. confiere a la Comunidad Autónoma, respetando el régimen general del dominio público, la competencia exclusiva, incluyendo el establecimiento y la regulación de los planes territoriales de ordenación y uso del litoral y de las playas, así como la regulación del procedimiento de tramitación y aprobación de estos instrumentos y planes; la gestión de los títulos de ocupación y uso del dominio público marítimo-terrestre, especialmente el otorgamiento de autorizaciones y concesiones y, en todo caso, las concesiones de obras fijas en el mar, respetando las excepciones que puedan establecer por motivos medioambientales en las aguas costeras interiores y de transición; y la regulación y la gestión del régimen económico-financiero del dominio público marítimo-terrestre en los términos previstos por la legislación general.

En materia de urbanismo, corresponde a la Comunidad Autónoma en virtud de lo dispuesto en el artículo 158 E.A. Can la competencia exclusiva incluyendo, en todo caso, el régimen urbanístico del suelo, el régimen jurídico de la propiedad del suelo, respetando las condiciones básicas que el Estado establezca para garantizar la igualdad del ejercicio del derecho a la propiedad, los instrumentos de planeamiento y gestión urbanística; la política de suelo y vivienda y la protección de la legalidad urbanística, que incluye, en todo caso, la inspección urbanística, las órdenes de suspensión de obras y licencias, las medidas de restauración de la legalidad física alterada, así como la disciplina urbanística.

En todo caso no se puede obviar que Ley 8/2015 de Cabildos Insulares atribuye a dicha institución en su artículo 6. 2 b) competencias propias sobre ordenación del territorio y urbanismo y el artículo 11 de la Ley 7/2015, de municipios de Canarias establece que sin perjuicio de lo previsto en la legislación básica, los municipios canarios asumirán, en todo caso, las competencias que les asignen como propias las leyes sectoriales de la Comunidad Autónoma de Canarias sobre entre otras material la de urbanismo.

Además al respecto, la jurisprudencia constitucional ha impuesto el respeto a la denominada doctrina del «umbral mínimo», en cuya virtud, y partiendo de la premisa de que *«es claro que el urbanismo está entre los asuntos de interés de los municipios»* (STC 40/1998, de 19 de febrero, FJ 39.º), declara que incurre en inconstitucionalidad por vulneración de la garantía institucional de la autonomía local *«toda regu-*

lación de la capacidad decisoria de los entes locales respecto de las materias de su interés que se sitúe por debajo de ese umbral mínimo que les garantiza su participación efectiva en los asuntos que les atañen» (SSTC 159/2001, FJ 4.º, y 51/2004, FJ 9.º)[81].

Conviene destacar la ordenación del suelo articulada a través de la Ley 4/2017, de 13 de julio del Suelo y Espacios Protegidos de Canarias, donde se sustituyen los procedimientos bifásicos en la elaboración de los planes, resultado del ejercicio de una titularidad compartida de la competencia, por otros monofásicos en los que el procedimiento se tramita ante una sola Administración-así, en el caso del planeamiento insular, ante los Cabildos (entre cuyas competencias, por todas, se sitúa la elaboración y aprobación de los planes insulares y de los planes y demás normas de ordenación de los recursos naturales de la isla); y en el del planeamiento municipal (incluido el plan general de ordenación), ante los Ayuntamientos, y ello con menoscabo del órgano sobre el que descansaba la responsabilidad primordial sobre el sistema de planeamiento en Canarias: la Comisión de Ordenación del Territorio y del Medio Ambiente de Canarias (COTMAC), que desaparece de la nueva ley y en cuyo lugar se prevé la intervención de un Nuevo órgano colegiado que emite a través de un informe único su parecer en torno a la afección de las competencias que tiene atribuidas la Comunidad Autónoma[82].

La Ley tiende a simplificar la tramitación administrativa en la gestión del suelo, siendo ejemplo el aval otorgado a figures conocidas en la legislación autonómica, como los planes de modernización, mejora e incremento de la competitividad, cuya regulación vigente por cuya virtud se habilita a la Comunidad Autónoma a intervenir en espacios municipales, se mantiene, incorporando figuras nuevas como las ordenanzas provisionales insulares y municipales, cuya tramitación se sujeta al procedimiento de las ordenanzas y por medio de las cuales puede alterarse la ordenación establecida respectivamente en los planes insulares y generales de ordenación urbana o los programas de actuación sobre el medio urbano,

81 López Benítez. *Comentarios al Estatuto de Autonomía para Andalucía*. Obra coordinada por Pedro Cruz Villalón/Manuel Medina Guerrero. Parlamento de Andalucía. Ideas más tecnología. 2012. Pág. 923.

82 Informe Comunidades Autónomas 2017. José Rincón Suay. Observatorio de Derecho Público. Pág. 162.

que, con base en el mismo procedimiento, pueden modificar lo dispuesto en los planes generales para el desarrollo de actuaciones de dotación[83].

6.8. Infraestructuras y redes

El capítulo X del Título V del Estatuto comienza con el artículo 139 dedicado a la competencia en materia de Obras públicas. Al respecto, la Comunidad Autónoma de Canarias ostenta la competencia exclusiva respecto a aquellas obras públicas que se ejecutan en el territorio de Canarias y que no hayan sido calificadas de interés general, pudiendo además participar en la planificación y la programación de las obras calificadas de interés general, de conformidad con lo dispuesto en la legislación estatal y el propio Estatuto.

Conviene destacar la previsión contenida en el apartado cuarto del artículo respecto a la emisión de informe previo sobre la declaración de las obras de interés general que el Estado radique en el territorio de Canarias.

Tal y como sostiene Andrés González Sanfiel, el Tribunal Constitucional ha destacado dos importantes ideas sobre el interés general como elemento delimitador de la competencia. De un lado que no existe en la Constitución un concepto del mismo, una idea unívoca que pueda ser utilizada para todos los casos. A partir de esa declaración de ese interés general sobre una obra pública o infraestructura particular, se puede llevar a cabo un control de la misma y determinar si en ese caso está justificada tal o cual declaración y de otro modo no existe una reserva de Ley en nuestro sistema constitucional para realizar esa declaración, de modo que se puede utilizar la vía reglamentaria para llevarla a cabo[84].

El artículo 160 E.A.Can. en materia de Transportes confiere a la Comunidad Autónoma de Canarias la competencia exclusiva sobre los transportes terrestres de viajeros y mercancías por carretera, ferrocarril y cable y sobre el transporte marítimo que transcurra íntegramente dentro del ámbito del Archipiélago, incluyendo en todo caso la competencia la regulación, la planificación, la gestión, la coordinación y la inspección de los servicios y las actividades, incluyendo el

83 Informe Comunidades Autónomas 2017. José Rincón Suay. Observatorio de Derecho Público. Pág. 162.

84 Andrés González Sanfiel. *El Estatuto de Autonomía de Canarias*. Thompson Reuters. Pág. 715.

transporte urbano e interurbano y de los servicios de transporte discrecional de viajeros y mercancías, el transporte turístico, escolar o de menores, sanitario, funerario, de mercancías peligrosas o perecederas así como la potestad tarifaria sobre transportes de competencia autonómica.

De igual forma corresponde a la Comunidad Autónoma la competencia exclusiva sobre los centros de transporte, logística y distribución localizados en Canarias, que incluye, los centros de información y distribución de cargas y las estaciones de transporte por carretera.

Tal y como establece el Preámbulo de la Ley 13/2007, de 17 de mayo, de ordenación del transporte por carreteras de Canarias, desde su creación, la Comunidad Autónoma de Canarias tiene asumida competencia exclusiva en materia de transporte por carretera en las islas, correspondiéndole las potestades legislativas y reglamentarias, y la función ejecutiva que deberá ejercer con sujeción a la Constitución. Dicha norma está destinada a regular la ordenación del transporte por carretera y de las actividades complementarias relacionadas con el mismo que se desarrollen en el ámbito territorial de las islas.

Por otra parte, y en el ejercicio de sus competencias el legislador autonómico aprobó la Ley 12/2007, de 24 de abril, de ordenación del transporte marítimo de Canarias que *aborda la regulación de todos los servicios de transporte marítimo exclusivamente entre puertos y puntos del litoral canario que se realicen a cambio de una remuneración económica bajo una regla esencial: la libertad para prestar esos servicios*, tal y como establece en el preámbulo la citada norma.

Finalmente, el apartado tercero del artículo 160 E.A.Can prevé la participación de la Comunidad Autónoma, a través de la Comisión de Seguimiento de las Obligaciones de Servicio Público, en el análisis de la situación de la gestión del servicio de transporte aéreo declarado como tal, que transcurra íntegramente dentro del ámbito del Archipiélago, pudiendo realizar propuestas de desarrollo normativo y ejecución en esta materia, lo cual ya estaba reflejado en el Acuerdo del Consejo de Ministros de 2 de junio de 2006, relativas al transporte interinsular y por el que se declaraban obligaciones de servicio público en determinadas rutas aéreas entre las islas Canarias que se fundamentaba en las disposiciones contenidas en el artículo 4.1.a) del Reglamento 2408/92 del Consejo, de 23 de julio de 1992, relativo al acceso de las compañías aéreas de la Comunidad a las rutas aéreas intracomunitarias y en el artículo 1 del Reglamento 2409/92 del Consejo, de 23 de julio de 1992, sobre tarifas y fletes de los servicios aéreos. Actualmente la regulación comunitaria está constituida por el Reglamento (CE) N.° 108/2008 del Parlamento europeo y del Consejo, de 24 de septiembre de 2008, sobre normas comunes para la explotación de servicios aéreos en la Comunidad.

El artículo 161 E.A.Can, que regula las infraestructuras del transporte, establece que corresponde a la Comunidad Autónoma la competencia exclusiva sobre puertos, aeropuertos, helipuertos y demás infraestructuras de transporte que no tengan la calificación de interés general por el Estado y la competencia de ejecución sobre puertos y aeropuertos con calificación de interés general, cuando el Estado no se reserve su gestión directa.

Corresponde igualmente a la Comunidad Autónoma la participación en la planificación y la programación y gestión de puertos y aeropuertos de interés general en los términos que determine la normativa estatal, por tratarse de redes esenciales para la conexión del territorio como región ultraperiférica.

El artículo 161. E. A Can. igualmente contempla la previsión de participación de la Comunidad Autónoma, en los términos establecidos en la legislación estatal, en las decisiones que se adopten sobre el establecimiento de tasas, precios públicos o prestaciones públicas patrimoniales que afecten a los aeropuertos canarios.

En materia de carreteras y ferrocarriles el artículo 162 E. A. Can. prevé la competencia exclusiva de la Comunidad Autónoma sobre su red viaria y ferroviaria, incluyéndose la ordenación, planificación, gestión integrada, establecimiento del régimen jurídico y financiero de todos los elementos de las redes viarias y ferroviarias y su conectividad con otros modos de transporte.

Respecto a Energía, hidrocarburos y minas el artículo 163 E.A.Can. atribuye a la Comunidad Autónoma, la competencia sobre instalaciones de producción, distribución y transporte de energía, cuando no estén ubicadas en el mar territorial, este transporte transcurra íntegramente por el territorio de Canarias y su aprovechamiento no afecte a otro territorio, sin perjuicio de sus competencias generales sobre industria; fomento y gestión de las energías renovables y de la eficiencia energética; el régimen minero en relación a la regulación y el régimen de intervención administrativa así como el control de las minas y los recursos mineros que estén situados en el territorio canario y de las actividades extractivas que se lleven a cabo y finalmente la autorización de instalaciones de producción, depósito y transporte de energías, así como su inspección y control, de acuerdo con las bases y coordinación de la planificación general de la actividad económica prevista en el artículo 149.1.13.ª de la Constitución, y todo ello sin perjuicio de lo previsto en el artículo 149.1.13.ª y 25.ª de la Constitución que otorga competencia exclusiva al Estado para fijar las bases y coordinar de la planificación general de la actividad económica así como para establecer las bases de régimen minero y energético.

Respecto al alcance de la competencia, el Tribunal Constitucional ya se pronunció en la STC 197/1996 en recurso interpuesto por la Generalitat de Cataluña frente a la Disposición final tercera de la Ley 34/1992, de 22 de diciembre, de ordenación del sector petrolero y que fue estimado parcialmente, declarando que: *"...Es más, no debe olvidarse que, tratándose de materia energética, las competencias asumibles y asumidas por parte de las Comunidades Autónomas, o incluso transferidas a otra parte de ellas, no se agotan en las de ejecución, sino que también pueden comprender y comprenden las de "desarrollo legislativo". Por lo que ese intento de atribuir carácter básico a no importa qué disposiciones reglamentarias estatales dictadas en desarrollo de la Ley 34/1992 podría tener por resultado, de prosperar, el de impedir u obstaculizar el ejercicio por parte de las Comunidades Autónomas de la propia competencia de desarrollo normativo por ellas asumida o en ellas delegada. Pues admitir la constitucionalidad de la Disposición final tercera en cuanto a la atribución de carácter básico a las disposiciones reglamentarias habilitadas por la Ley 34/1992 significaría tanto como configurar la competencia autonómica de desarrollo legislativo como una competencia puramente residual respecto de la competencia de normación estatal, sólo ejercitable hasta donde el Gobierno de la Nación tuviese a bien permitir en cada momento mediante su actividad reglamentaria. Procede, en consecuencia, declarar nuevamente inconstitucional, también por este motivo, la Disposición final tercera de la Ley 34/1992, por su contradicción con el orden competencial en materia energética que se desprende del art. 149.1.25 C.E. y demás preceptos del bloque de la constitucionalidad aplicables en tal materia u otras conexas con la misma...*[85]".

85 STC 197/1996 de 28 de noviembre.

El Título dedicado al ámbito competencial se cierra con el artículo 164 que en materia de medios de comunicación social y audiovisual atribuye la competencia de desarrollo legislativo y de ejecución en materia de medios de comunicación social y audiovisual a la Comunidad Autónoma, con independencia de la tecnología que se utilice, pudiendo la Comunidad regular, crear y mantener todos los medios de comunicación social y audiovisuales necesarios para el cumplimiento de sus fines.

Capítulo VII
Sobre economía y hacienda

7.1. Del Régimen Económico y Fiscal de Canarias

El capítulo I del Título VI del Estatuto de Autonomía de Canarias que lleva por denominación del Régimen Económico y Fiscal de Canarias arranca con el artículo 165 dedicado a disposiciones generales sobre el desarrollo económico de Canarias y los instrumentos de los que se dota para ello el ente autonómico. En este punto coincide el autor con la posición mantenida por Francisco Clavijo Hernández, que detecta una defectuosa técnica legislativa, incorporando previsiones que no forman parte del núcleo del Régimen Económico y Fiscal de Canarias, sino que son disposiciones generales de materia económica y hacendística regulada en el Estatuto, tales como las previstas en dicho artículo 165 E.A.Can. o el artículo 168 que regula el principio de solidaridad interterritorial, que tampoco se integra en el REF, alimentando cierto confusionismo en torno a la propia naturaleza del REF[86].

Si nos ceñimos a la regulación del Régimen Económico y Fiscal contenido en el Estatuto de Autonomía, en primer lugar conviene traer a colación los fundamentos históricos del régimen especial al que se somete el archipiélago que debido a su condición insular y de lejanía geográfica de Europa, así como a su escasez de recursos naturales, ha contado con un tratamiento especial tanto en el ámbito administrativo como en el económico y fiscal desde el siglo XVI, tras su incorporación a la Corona de Castilla. Estos derechos diferenciales se tradujeron en el siglo XIX en un sistema librecambista con los denominados Puertos Francos, un régimen fiscal basado en la libertad comercial de importación y exportación, en fran-

86 Francisco Clavijo Hernández. *El Estatuto de Autonomía de Canarias*. Thompson Reuters. Pág. 727.

quicias aduaneras y, además, en la existencia de impuestos locales. El Real Decreto de Puertos Francos de Canarias fue promulgado por el ministro Juan Bravo Murillo el 11 de julio de 1852. Esta norma estableció un conjunto de medidas económicas que significaban la liberalización de las entradas y salidas de mercancías de los puertos canarios, incentivando la economía insular y constituyendo un indudable aliciente fiscal para el comercio con y desde las islas[87]. Dicha norma se amplió con la Ley de 6 de marzo de 1900 y actualizó a través de la Ley de 22 de julio de 1972, que adaptó el Régimen Económico y Fiscal al sistema tributario nacional nacido de la Ley 41/1964 de Reforma del Sistema Tributario.

La Constitución española recogió la previsión en torno al Régimen Económico y Fiscal en la Disposición Adicional Tercera, estableciendo que la modificación del régimen económico y fiscal del archipiélago canario requerirá informe previo de la Comunidad Autónoma o, en su caso, del órgano provisional autonómico. Ello determina el reconocimiento constitucional de un régimen económico y fiscal diferenciado y singular respecto al general.

Con la incorporación el 1 de enero de 1986 de España a la entonces Comunidad Económica Europea (CEE) se hizo improrrogable la actualización del REF, a pesar de que se creó un sistema especial de integración consagrado en el artículo 25 del Acta de Adhesión del Reino de España a la CEE. Fruto de ello se aprobó la Ley 20/1991 en la que se armonizaron los aspectos fiscales con la UE, sucediéndole la Ley 19/1994, posteriormente modificada por la Ley 8/2018, de 5 de noviembre, que regula las medidas económicas, las especialidades en imposición directa y la Zona Especial Canaria (ZEC).

La Constitución contempla el REF como *"un cuerpo vivo, en continua evolución y en permanente dinámica"* que el texto constitucional no define ni concreta pero que es recognoscible socialmente por una esencia que ha perdurado y perdura. Como institución, el REF no se identifica con unas normas vigentes en un momento dado, sino con la imagen que de él tiene la colectividad en cada momento, y que encuentra su reflejo en el Estatuto. La Constitución lo que garantiza es el Régimen Económico y Fiscal de Canarias y no un contenido concreto fijado por todas y ello implica la efectiva constitucionalización del REF a través de la Disposición Adicio-

87 *Revista Atlántida*. 7 diciembre 2016. Pág. 186.

nal Tercera, protegiendo su núcleo esencial, lo que permite defender su propia constitucionalidad frente a los principios constitucionales contrarios a los que el núcleo del REF contiene como la prohibición de privilegios entre Comunidades Autónomas previsto en el artículo 138.2 CE o la prohibición a las Comunidades Autónomas de adoptar medidas tributarias que supongan un obstáculo para la libre circulación de mercancías o servicios contenida en el artículo 157.2 CE[88].

El apartado segundo del artículo 166 E.A.Can. constituye el núcleo esencial del Régimen Económico y Fiscal canario estableciendo que el mismo se basa en la libertad comercial de importación y exportación, en la no aplicación de monopolios, en las franquicias fiscales estatales sobre el consumo, y en una política fiscal diferenciada y con una imposición indirecta singular, que se deriva del reconocimiento de las Islas Canarias como región ultraperiférica en el Tratado de Funcionamiento de la Unión Europea.

La franquicia estatal sobre el consumo se proyecta sobre los impuestos indirectos estatales que, sin ser fuentes de financiación de la Comunidad Autónoma de Canarias o de los Cabildos y Ayuntamientos de las islas, graven las operaciones de tráfico comercial en el proceso producción –consumo e importación– consumo[89].

El segundo principio nuclear del Régimen Económico y Fiscal es la diferencialidad o especialidad fiscal de los impuestos que se aplican en las Islas que deriva en realidad del propio reconocimiento constitucional en su artículo 2 del principio de solidaridad, cuya realización efectiva debe atender, según dispone el artículo 138.1 CE, del mismo texto constitucional, a las circunstancias del hecho insular[90].

Esta singularidad fiscal propia determina dos consecuencias fundamentales que son por una parte la necesidad de que los impuestos estatales en su configuración normativa se adapten a la realidad geográfica del territorio canario, a fin de que constituyan un incentivo para potenciar su desarrollo económico, y en segundo lugar la existencia de una imposición indirecta singular y diferenciada de la del resto

88 Francisco Clavijo Hernández. Alberto Génova Galán. *El Estatuto de Autonomía de Canarias*. Thompson Reuters. Pág. 735.

89 Francisco Clavijo Hernández. Alberto Génova Galán. *El Estatuto de Autonomía de Canarias*. Thompson Reuters. Pág. 737.

90 Francisco Clavijo Hernández. Alberto Génova Galán. *El Estatuto de Autonomía de Canarias*. Thompson Reuters. Pág. 738.

del territorio nacional, que sirva para compensar las dificultades geográficas derivadas del hecho insular que se suscitan en el ámbito de aplicación de la misma.

Fruto de dicha doble consecuencia derivada de la singularidad fiscal son los incentivos a la inversión regulados en la Ley 19/1994 de 6 de julio en su artículo 27 y 27 bis o la creación de una Zona Especial Canaria, cuya creación fue autorizada por la Comisión Europea en enero de 2000 y prorrogada en diciembre de 2006. El Real Decreto-ley 15/2014, de 19 de diciembre, de modificación del Régimen Económico y Fiscal de Canarias, modificó parcialmente la regulación de la ZEC contenido en la Ley 19/1994. Dicho Real Decreto se aprobó para poder adecuar el Régimen Especial Canario al Reglamento UE/651/2014, por el que se declaraban determinadas categorías de ayudas compatibles con el mercado interior en aplicación de los artículos 107 y 108 del Tratado, comúnmente conocido como el Reglamento General de Exención por Categorías, ampliando posibilidad de materialización de la Reserva para inversiones en Canarias en la creación de puestos de trabajo que no pueda ser calificada como inversión inicial o la posibilidad de materializar la reserva en cualquier tipo de instrumento financiero, no solo en acciones, como hasta dicho momento, siempre que, de no tratarse de estas últimas, fueran emitidos por entidades financieras, o la supresión de las limitaciones existentes para permitir que dicha reserva pueda materializarse en la suscripción de acciones o participaciones emitidas por las entidades de la Zona Especial Canaria. Adicionalmente, se establecía un porcentaje incrementado aplicable a la deducción por actividades de innovación tecnológica que se realicen en Canarias, fijando unos límites superiores a los generales en relación con las deducciones por inversiones en producciones cinematográficas, series audiovisuales y espectáculos en vivo de artes escénicas y musicales realizadas en el Archipiélago, y se ampliaba el plazo de aplicación de las cantidades no deducidas por la deducción por inversiones en Canarias.

De igual forma, fruto de la singularidad fiscal es la existencia de unos impuestos indirectos derivados del REF distintos, pero al mismo tiempo equivalentes a los existentes en el resto del territorio nacional, tales como el Impuesto General Indirecto Canario o el Arbitrio a la Importación y Entrada de Mercancías.

En materia de competencias normativas el artículo 166. 4 E.A.Can. establece que la Comunidad Autónoma tendrá facultades normativas y ejecutivas sobre su régimen especial económico y fiscal en los términos de la normativa estatal.

Finalmente, conviene recordar por la importancia que supone la previsión estatutaria contenida en el apartado tercero del artículo 166 que establece que los recursos del Régimen Económico y Fiscal son adicionales a los contemplados en la política y normativa vigente en cada momento para la financiación de la Comunidad Autónoma de Canarias y de sus Entidades Locales así como la salvaguarda que estos recursos tributarios no se integrarán, ni computarán, en el Sistema de Financiación Autonómica regulado por la Ley Orgánica 8/1980, de Financiación de las Comunidades Autónomas y sus normas de desarrollo y ello para respetar el espacio fiscal propio canario y para que su desarrollo no penalice la autonomía financiera de la Comunidad Autónoma de Canarias.

En cuanto a la eventual modificación del régimen económico-fiscal de Canarias, el artículo 167 E.A. Can dispone que sólo podrá llevarse a cabo de acuerdo con lo establecido en la disposición adicional tercera de la Constitución, previo informe del Parlamento Canario que, para ser favorable, deberá ser aprobado por las dos terceras partes de sus miembros, debiendo constituirse la Comisión Bilateral entre la Administración General del Estado y la de la Comunidad de Canarias en el supuesto que dicho informe sea desfavorable. Una vez constituida dicha Comisión deberá iniciar negociaciones para llegar a un acuerdo sobre un texto alternativo que deberá ser puesto de manifiesto ante las Cortes Generales continuando el proyecto o proposición de ley su tramitación incluyendo las modificaciones y propuestas, en su caso, o de acuerdo con los trámites ordinarios previstos en la normativa de aplicación.

El Informe del Parlamento de Canarias no es vinculante, ni semivinculante, ni obstativo, sino preceptivo, es decir constituye una garantía procedimental de carácter formal, como ha precisado la STC 164/2014, de 7 de octubre, con ocasión del recurso de inconstitucionalidad interpuesto por el Parlamento de la Comunidad Autónoma de Canarias en relación con la disposición adicional decimotercera de la Ley 17/2012, de 27 de diciembre, de presupuestos generales del Estado para 2013 (en adelante, Ley 17/2012) al considerar vulnerados el art. 46, apartados 3 y 4, del anterior Estatuto de Autonomía de Canarias (E.A.Can.) y la disposición adicional tercera de la Constitución, al entender que la norma impugnada se aprobó sin el preceptivo informe del Parlamento de Canarias que debería haber antecedido a la aprobación de dicha ley estatal. Establece el Tribunal Constitucional:

> *"...En consecuencia, y con independencia de que la disposición impugnada suponga un incremento o una disminución de las citadas subvenciones, lo relevante es que modifica en los términos expuestos el régimen jurídico de las subvenciones al transporte, integrante del régimen económico y fiscal de Canarias, por lo que habría sido preciso el cumplimiento de la garantía procedimental prevista en la disposición adicional tercera CE y en el art. 46 E.A.Can.. Nada impide al Estado modificar el régimen jurídico de las subvenciones al transporte, como hemos reiterado, no siendo ni siquiera precisa la aquiescencia de la Comunidad Autónoma de Canarias (a través de su Parlamento), sino meramente su participación, a través de la audiencia o el informe, que no son vinculantes pero sí tienen carácter preceptivo...*[91]*"*.

Finalmente el apartado tercero de dicho artículo 167 E.A. Can. establece que el Parlamento de Canarias deberá ser oído en los proyectos de legislación financiera y tributaria que afecten al régimen económico y fiscal de Canarias.

7.2. Régimen financiero y tributario

7.2.1. Introducción

Difícilmente puede hablarse de autonomía política si se carece de autonomía financiera, que no es otra cosa que la capacidad que los distintos entes territoriales tienen para financiar las competencias y la prestación de servicios que realizan en el ámbito que le es propio. Nuestra Carta Magna articula el sistema de financiación haciendo especial énfasis en la solidaridad. Así en su artículo 156 establece que *las Comunidades Autónomas gozarán de autonomía financiera para el desarrollo y ejecución de sus competencias con arreglo a los principios de coordinación con la Hacienda estatal y de solidaridad entre todos los españoles*. Esa solidaridad que arranca como pilar fundamental en la configuración del Estado se desarrolla constitucionalmente a través del artículo 138, en cuyo primer apartado se dispone que *el Estado garantiza la realización efectiva del principio de solidaridad consagrado en el artículo 2 de la Constitución, velando por el establecimiento de un equilibrio*

91 STC 164/2014, de 7 de octubre.

económico, adecuado y justo entre las diversas partes del territorio español, y atendiendo a las circunstancias del hecho insular, para en el segundo apartado establecer que las diferencias entre los Estatutos de las diferentes Comunidades Autónomas no podrán implicar en ningún caso, privilegios económicos o sociales. Constituyen estos dos artículos por tanto el eje y asidero fundamental sobre el que se asienta el modelo constitucional de financiación autonómica.

En cuanto a los concretos recursos que poseen las Comunidades Autónomas, éstos vienen explícitamente recogidos en su artículo 157:

a) Impuestos cedidos total o parcialmente por el Estado, recargos sobre impuestos estatales y otras participaciones en los ingresos del Estado.
b) Sus propios impuestos, tasas y contribuciones especiales.
c) Transferencias de un fondo de compensación interterritorial y otras asignaciones con cargo a los Presupuestos Generales del Estado.
d) Rendimientos procedentes de su patrimonio e ingresos de derecho privado.
e) El producto de las operaciones de crédito.

La potestad tributaria de las Comunidades Autónomas tiene dos límites que la Constitución prevé para hacer efectivo el principio de solidaridad y de unidad fiscal del Estado. Por un lado las Comunidades Autónomas no podrán en ningún caso adoptar medidas tributarias sobre bienes situados fuera de su territorio o que supongan obstáculo para la libre circulación de mercancías y servicios (art.157.2CE) y por otro, el ejercicio de las competencias financieras, así como las normas para resolver los conflictos que pudieran surgir y las posibles formas de colaboración financiera entre las Comunidades Autónomas y el Estado se hallan reguladas por la Ley Orgánica de Financiación Autonómica, lo cual es expresión del mandato expreso efectuado por la Constitución en el artículo 157 apartado tercero.

7.2.2. Financiación de políticas públicas de las Administraciones Públicas canarias

En el marco de dicho contexto anteriormente referido, el Estatuto de Autonomía de Canarias establece en el artículo 165 las disposiciones regulares destinadas a desarrollar dicha autonomía financiera. Dispone el precepto que en el marco del derecho constitucional a la propiedad privada, la riqueza de Canarias está subordinada al interés general mandatando a sus administraciones públicas la promoción del desarrollo económico y social del Archipiélago así como instar al Estado y a la Unión Europea a adoptar las medidas económicas y sociales necesarias para compensar su carácter ultraperiférico y el hecho insular, favoreciendo el equilibrio y la solidaridad entre las islas.

Finalmente, en el apartado tercero del artículo se establece que la hacienda y el patrimonio de la Comunidad Autónoma de Canarias están vinculados al desarrollo y ejecución de sus competencias.

La hacienda de la Comunidad Autónoma habrá de ser entendida a los efectos del artículo 165.3 E. A. Can. en los términos establecidos por el artículo 6 de la Ley 11/2006, de 11 de diciembre, de la Hacienda Pública Canaria: *la Hacienda Pública está constituida por el conjunto de derechos y obligaciones de contenido económico cuya titularidad corresponda a los entes del sector público autonómico que sujeten su actividad al derecho público, es decir por la masa de recursos dinerarios disponibles por la Comunidad Autónoma para atender el pago de las obligaciones económicas que contrae con el ejercicio de sus competencias.* Respecto al patrimonio, el artículo 2.1 de la Ley 6/2006, de 17 de julio, del Patrimonio de la Comunidad Autónoma de Canarias dispone que estará constituido por el conjunto de bienes y derechos de los que sean titulares la Administración de la Comunidad Autónoma y sus organismos públicos, cualquiera que sea su naturaleza y el título de su adquisición o aquel en virtud del cual les hayan sido atribuidos, no entendiéndose incluidos en el mismo el dinero, los valores, los créditos y los demás recursos financieros de su hacienda, ni, en el caso de las entidades públicas empresariales, los recursos que constituyen su tesorería.

Respecto a los concretos recursos de la Hacienda canaria el artículo 169 E.A.Can, desarrollando la previsión constitucional establecida en el artículo 157 los desglosa de la siguiente forma:

a) El producto de su patrimonio y los ingresos de derecho privado que le correspondan.

b) Los ingresos procedentes de sus propios impuestos y los que les correspondan por su participación y gestión en el régimen económico y fiscal de Canarias.

c) Los precios públicos.

d) El rendimiento de los tributos cedidos por el Estado a la hacienda de la Comunidad Autónoma de Canarias.

e) El rendimiento de sus propias tasas y exacciones parafiscales por aprovechamientos especiales y por la prestación de servicios directos de la Comunidad Autónoma, ya sean de su propia creación o como consecuencia de traspaso de servicios estatales.

f) Las contribuciones especiales que establezca la Comunidad Autónoma en el ejercicio de sus competencias.

g) Los recargos y participaciones en los tributos de carácter estatal y otros ingresos del Estado.

h) Las asignaciones y subvenciones que se le otorguen con cargo a los Presupuestos Generales del Estado.

i) Las transferencias procedentes del Fondo de Compensación Interterritorial y demás subvenciones de naturaleza pública.

j) Los fondos procedentes de la Unión Europea o que se le atribuyan, derivados de su vinculación a otras áreas supranacionales.

k) Los legados y donaciones.

l) El importe de las multas y demás sanciones pecuniarias en el ámbito de su competencia.

m) Los recursos y otros ingresos que se le asignen como consecuencia de las competencias que se transfieran a la Comunidad Autónoma.

n) El producto obtenido por la emisión de deuda y el recurso al crédito.

o) Cualesquiera otros que puedan constituirse, en virtud de las leyes del Estado o del Parlamento de Canarias.

El resto del articulado del Capítulo II del Título VI desarrolla los mecanismos de financiación previstos en el artículo 169.

El núcleo esencial en torno a la capacidad económica financiera para desarrollar sus políticas por parte de la Administración Canaria gira en torno al principio de autonomía financiera consagrado en el artículo 171 E.A. Can. que otorga a la Comunidad Autónoma la potestad para establecer y exigir tributos propios, conforme a la Constitución y las leyes.

Respecto a tributos cedidos la Disposición Adicional Primera del Estatuto de Autonomía establece que conforme al alcance de la cesión convenida, es decir, con los límites y, en su caso, con la capacidad normativa y en los términos que se establezcan en la ley orgánica prevista en el artículo 157.3 de la Constitución, se ceden a la Comunidad Autónoma los siguientes tributos:

a) Impuesto sobre la Renta de las Personas Físicas.

b) Impuesto sobre el Patrimonio.

c) Impuesto sobre Sucesiones y Donaciones.

d) Impuesto sobre Transmisiones Patrimoniales y Actos Jurídicos Documentados.

e) Los tributos sobre el juego.

f) Impuesto Especial sobre la Cerveza.

g) Impuesto Especial sobre Productos Intermedios.

h) Impuesto Especial sobre el Alcohol y Bebidas Derivadas.

i) Impuesto Especial sobre Electricidad.

j) Aquellos otros que acuerden las Cortes Generales.

No conviene obviar como instrumento de financiación, la participación de la Comunidad Autónoma en los tributos estatales no cedidos a través de la percepción de un porcentaje de participación en la recaudación en todo el territorio español de dichos impuestos, que deberá negociarse a través de la Comisión Bilateral de Cooperación Canarias-Estado, en el marco de lo previsto en la Ley Orgánica de Financiación de las Comunidades Autónomas.

Es evidente la intención del legislador estatutario de avanzar en la autonomía financiera confiriendo al ente autonómico capacidad negociadora bilateral en sus relaciones con el Estado, lo que supone una diferencia cualitativa respecto al sistema actual donde los acuerdos de financiación siempre se han acogido en el seno del Consejo de Política Fiscal y Financiera como órgano multilateral con independencia de que determinadas acciones en materia de cesión de tributos haya arrancado de negociaciones de carácter bilateral y fruto de coyunturas políticas.

El camino en torno a la constitución de este tipo de comisiones bilaterales fue emprendido por la comunidad catalana a través del artículo 201 del Estatuto de Cataluña y otros le siguieron como Baleares, que expresamente hablan en términos de bilateralidad y crean una Comisión Mixta de Economía y Hacienda entre el Estado y la Comunidad Autónoma de las Illes Balears y finalmente otros como el Estatuto de la Comunidad Valenciana que en un paso intermedio incluyen cláusulas de salvaguarda como la Disposición Adicional Segunda de su Estatuto que establece que cualquier modificación de la legislación del Estado que con carácter general y en el ámbito nacional implique una ampliación de competencias de las Comunidades Autónomas será de aplicación a la Comunitat Valenciana al tiempo que en la Disposición Transitoria Segunda habla de una Comisión Mixta de Transferencias entre Estado y Generalitat.

El artículo 173 E.A.Can. desarrolla la previsión contenida en el artículo 169 al facultar al Parlamento de Canarias para establecer recargos sobre los impuestos estatales cedidos, así como sobre los no cedidos que graven la renta o el patrimonio de las personas físicas con residencia habitual en Canarias de acuerdo con las leyes.

En cuanto a los fondos de la Unión Europea el artículo 175 atribuye en exclusiva a la Comunidad Autónoma la gestión, ejecución y, en su caso, la planificación de los fondos europeos destinados a Canarias, en especial de aquellos aprobados en aplicación de criterios de convergencia o derivados de la condición ultraperiférica de Canarias, correspondiendo en exclusiva a la Comunidad Autónoma de Canarias las funciones de organismo pagador y la gestión del registro único de operadores del Régimen Especial de Abastecimiento establecido por la Unión Europea, sin perjuicio de la competencia del Estado para emitir los certificados de exención de los operadores con terceros Estados no miembros de la Unión Europea.

Como reflejo del principio de solidaridad interterritorial consagrado en los artículos 2 y 138 de la Constitución, el artículo 168 E. A. Can. desarrolla dicha previsión disponiendo que para la realización efectiva del principio de solidaridad interterritorial, los proyectos de infraestructuras y las instalaciones de telecomunicación que permitan o faciliten la integración del territorio del Archipiélago o su conexión con el territorio peninsular, así como los de infraestructuras turísticas y energéticas o de actuaciones medioambientales de carácter estratégico para Canarias, tendrán la consideración de interés general, a los efectos de la participación del Estado en su financiación.

Establece igualmente el artículo que en cada ejercicio presupuestario y dentro del principio de la solidaridad interterritorial, se ejecutará un programa de inversiones públicas distribuido entre el Estado y la Comunidad Autónoma, debiendo tener como objetivo el desarrollo de estas políticas la equiparación progresiva de las condiciones socioeconómicas de la población de las islas al promedio estatal, debiendo ser medido periódicamente y compensadas las desviaciones con políticas de gasto eficientes.

Dicho artículo está íntimamente conectado con el artículo 177 E.A.Can. que lleva por rúbrica *"asignaciones complementarias"* y cuya finalidad es igualmente garantizar la realización efectiva de los principios consagrados en los artículos 31 y 138 de la Constitución en relación con la lejanía, la insularidad y la condición ultraperiférica prevista en el artículo 3 del presente Estatuto, debiendo el Estado otorgar a la hacienda de la Comunidad Autónoma de Canarias con cargo a sus Presupuestos Generales, las adecuadas asignaciones complementarias en los términos en los que estas se establezcan en la ley dictada en virtud del artículo 157.3 de la Constitución, de manera que, en su caso, compensen los sobrecostes derivados de la condición ultraperiférica y el déficit en la prestación de los servicios públicos básicos que pueda producirse por el factor poblacional, por razones derivadas de las características diferenciadas de la economía canaria y de la fragmentación territorial

Elemento fundamental dentro del sistema de financiación es el constituido por el Fondo de Compensación Territorial, cuyo origen se encuentra en el artículo 158.2 de la Constitución Española, según el cual *con el fin de corregir desequilibrios económicos interterritoriales y hacer efectivo el principio de solidaridad, se constituirá un Fondo de Compensación con destino a gastos de inversión, cuyos recursos serán distribuidos por las Cortes Generales entre las Comunidades Autónomas y provincias*, en su caso. En el caso del Estatuto de Autonomía la previsión se desarrolla en el artículo 177.2.

Los criterios de distribución se establecen en el artículo 16 de la LOFCA si bien es la Ley 29/1990, reguladora del Fondo de Compensación Interterritorial la que procede a su ponderación. Se utilizan como variables la población relativa, el saldo migratorio en los últimos 10 años, el paro, la superficie del territorio y la dispersión de la población en el territorio. Una vez efectuado el reparto se corrige en función de la inversa de la renta por habitante de cada territorio y la insularidad. Este Fondo se destina de forma exclusiva a hacer efectivo el principio de solidaridad y por tanto se desvincula de la financiación de los servicios traspasados por el Estado, estando destinado por tanto a las Comunidades Autónomas con menor desarrollo económico dentro del Estado.

El artículo 176 E.A. Can. articula el establecimiento de medidas compensatorias por modificaciones tributarias en general y por supresión de impuestos por el Estado en particular. Establece el artículo que: *si, como resultado de una reforma o modificación del sistema tributario estatal, resultase una variación sensible de aquellos ingresos de la Comunidad Autónoma de Canarias que dependan de los tributos estatales, el Estado deberá adoptar, de acuerdo con la Comunidad Autónoma, las medidas de compensación oportunas.*

Por otro lado, la Disposición Adicional tercera, bajo el encabezamiento "Compensación por modificaciones tributarias" dispone:

> *"En los términos que se establezcan en la ley orgánica prevista en el artículo 157.3 de la Constitución, no se producirá ninguna minoración de la participación de la Comunidad Autónoma de Canarias en los ingresos del Estado, como consecuencia de la supresión de un impuesto estatal que fuera aplicable en el ámbito de la Comunidad Autónoma".*

En ambos supuestos, producidas aquellas circunstancias, que según la literalidad del primero de los preceptos han de verse acompañadas de "una variación sensible de aquellos ingresos de la Comunidad Autónoma de Canarias que dependan de los tributos estatales", idea que, no obstante, también está presente de modo implícito en el segundo, se establecen determinadas consecuencias a modo de mandato para el Estado, aunque este no se configure exactamente del mismo modo: en el primer caso, "el Estado deberá adoptar, de acuerdo con la Comunidad Autónoma, las medidas de compensación oportunas" y, en el segundo, "no se producirá ninguna minoración de participación de la Comunidad en los ingresos del Estado[92]".

Es evidente que aunque la ubicación sistemática dentro del Estatuto es distinta, ambas normas tienen un sustrato sustancialmente similar, consistente en blindar la autonomía

92 VICTOR MANUEL SÁNCHEZ BLÁZQUEZ. *El Estatuto de Autonomía de Canarias*. Thompson Reuters. Pág. 775.

financiera de la Comunidad Autónoma sin que quede al albur de decisiones de política fiscal estatal que puedan suponer quebranto en la misma a fin de poder contar con los recursos adecuados para financiar las políticas públicas.

7.2.3. Instrumentos de solidaridad interinsular, gestión tributaria y política presupuestaria

El equilibrio territorial que la Constitución proclama en su articulado tiene su reflejo en la vocación de equilibrio interinsular que dimana de la redacción del Estatuto de Autonomía, estableciendo mecanismos de nivelación entre islas, a fin de mitigar la doble insularidad que padecen fundamentalmente las denominadas islas menores. En su artículo 181 se establece expresamente que la Comunidad Autónoma velará por su propio equilibrio territorial y por la realización interna del principio de solidaridad, atendiendo, entre otros criterios, a los costes de la doble insularidad.

Para ello se mandata al poder autónomo para que cree a tal efecto un Fondo de Solidaridad Interinsular u otros instrumentos de objetivos análogos, cuyos recursos serán distribuidos, en cualquiera de los casos, por el Parlamento de Canarias.

En el año 2016 se produjo una iniciativa legislativa por parte del Cabildo de La Gomera a través de una proposición de ley al amparo de los artículos 18 y 19 de la Ley 8/2015, de 1 de abril, de Cabildos Insulares, que tenía por objeto la constitución de este fondo de solidaridad interinsular que se dotaría anualmente a través de los presupuestos generales de Canarias, si bien dicha iniciativa finalmente no prosperó. Por ello lo más parecido a dicho fondo es el Fondo de Desarrollo de Canarias (Fdcan) creado y regulado por Decreto 85/2016 que *está destinado a promover la realización de acciones que contribuyan a la cohesión económica y social territorial, así como al desarrollo económico de Canarias y a la creación de empleo en las islas.*

El artículo 183 E.A.Can establece el principio de reserva de ley en materia económico-financiera respecto a una serie de materias que necesariamente deben ser reguladas mediante ley aprobada por el Parlamento. Las citadas materias son:

a) El establecimiento y la modificación de sus propios tributos.

b) El establecimiento y la modificación de los recargos sobre los impuestos del Estado.

c) Todo beneficio fiscal que afecte a los tributos propios de la hacienda canaria.

d) La autorización para la creación y conversión en deuda pública, así como para la realización de las restantes operaciones de crédito concertadas por la Comunidad Autónoma.

e) El régimen jurídico del patrimonio de la Comunidad Autónoma.

f) Las participaciones que correspondan a la hacienda insular en impuestos, asignaciones y subvenciones, de acuerdo con lo establecido en el artículo 170 del presente Estatuto.

g) Los criterios de distribución y porcentajes de reparto de los recursos derivados del régimen económico-fiscal de Canarias.

Dicho artículo es fiel reproducción del artículo 3 de la Ley 9/2016, de 11 de diciembre, tributaria de la Comunidad Autónoma de Canarias que tiene por objeto fijar de manera separada y permanente el marco legislativo del sistema tributario canario, estableciendo diversas especialidades sustantivas y procedimentales de su régimen tributario privativo con respeto a la normativa estatal recogida en la Ley 58/2003, de 17 de diciembre, General Tributaria, regulando determinados aspectos del ordenamiento tributario canario adaptándolo a la citada ley.

Para la gestión tributaria el artículo 186 E.A.Can. establece que la gestión, liquidación, recaudación e inspección de sus propios tributos corresponderá a la Comunidad Autónoma de Canarias, pudiendo disponer de plenas atribuciones para la ejecución y organización de dichas tareas, sin perjuicio de la colaboración que pueda establecer con la Administración Tributaria del Estado, mientras que en materia de tributos cedidos, la Comunidad Autónoma asumirá por delegación del Estado la gestión, liquidación, recaudación, inspección y revisión, en su caso, de los mismos, sin perjuicio de la colaboración que pueda establecerse entre ambas administraciones, todo ello de acuerdo con lo especificado en la ley que fije el alcance y condiciones de la cesión.

El artículo 7 de la Ley 9/2016, de 11 de diciembre, tributaria de la Comunidad Autónoma de Canarias configura la Administración Tributaria Canaria, debiendo estar integrada por el conjunto de órganos, organismos, unidades y entidades de Derecho público que, dependientes de la consejería competente en materia de Hacienda, desarrollen las actividades reguladas en los títulos III, IV y V de la Ley 58/2003, de 17 de diciembre, General Tributaria.

El Estatuto de Autonomía va más allá, y así en la Disposición Adicional Segunda regula la Agencia Tributaria Canaria que establece que la aplicación de los tributos propios de la Comunidad Autónoma de Canarias, de los derivados del régimen económico y fiscal de Canarias y de los cedidos totalmente por el Estado, corresponderán a la Agencia Tributaria de Canarias, en los términos que se determinen en la legislación aplicable, debiendo aprobarse por ley del Parlamento de Canarias la organización y funcionamiento de la misma.

En este caso resulta de indudable interés la sentencia del Tribunal Constitucional, que resolvió la impugnación del artículo 204.1 y 4 del Estatuto de Autonomía de Cataluña, que recogía la creación de la Agencia Tributaria de Cataluña como órgano propio de gestión tributaria, y que desestimaba la misma. Se pronuncia en los siguientes términos la sentencia:

> *"...Ningún problema de constitucionalidad suscitan las potestades autonómicas de gestión tributaria enunciadas en el art. 204.1 EAC (de gestión, recaudación, liquidación e inspección) cuando se proyectan sobre los tributos propios de la Generalitat, y así lo admite la demanda, que reprocha al precepto que dichas facultades se prediquen de «los tributos estatales cedidos totalmente a la Generalitat». Al respecto, el art. 156.2 CE prevé que «las Comunidades Autónomas podrán actuar como delegados o colaboradores del Estado para la recaudación, la gestión y la liquidación de los recursos tributarios de aquél, de acuerdo con las leyes y los Estatutos», y ésta es, precisamente, la previsión constitucional que concreta el artículo impugnado, al determinar que las potestades cuestionadas sean ejercidas por delegación del Estado, obviamente en los términos que éste establezca. Ciertamente la referencia que hace el precepto estatutario a la «inspección» de los tributos cedidos, no está contenida en la previsión del art. 156.2 CE de modo específico, pero puede incluirse con naturalidad en el ámbito genérico de la «gestión», que sí lo está, y así lo entiende la LOFCA (art. 19). Nótese también que el precepto no regula ni prevé la cesión de tributos, sino que tiene como objeto aquellos tributos que ya hayan sido cedidos o los que lo sean en su momento. Por tanto, las potestades autonómicas relativas a los tributos estatales cedidos totalmente no tienen el alcance que les atribuye la demanda. Corresponde al legislador orgá-*

nico regular «el ejercicio de las competencias financieras» (art. 157.3 CE) enunciadas en el precepto estatutario y, consecuentemente, el ejercicio de las potestades autonómicas vinculadas a la cesión de tributos, las cuales serán establecidas en la correspondiente Ley de cesión con el alcance que el legislador estatal estime oportuno (disposición adicional séptima EAC). De este modo, el enunciado responde a la naturaleza propia del Estatuto como norma de cabecera del ordenamiento autonómico, que puede incluir en su seno las prescripciones generales de su autonomía financiera siempre que no menoscabe el ámbito del legislador orgánico y el marco general de coordinación y cooperación que es característico de esta materia. Así tenemos que considerar que se hace en este caso, pues el art. 204.1 EAC contiene un enunciado de principio sobre las potestades de gestión de los tributos cedidos, sin mayor especificación; enunciado que es respetuoso con la competencia originaria del Estado en materia tributaria («por delegación del Estado») y que queda sometido a lo que pueda establecerse sobre dicha delegación en la normativa estatal reguladora de la cesión.

En cuanto al apartado 4 del art. 204 EAC, debe desestimarse su impugnación, ya que se refiere al ámbito organizativo y funcional de la Agencia Tributaria de Cataluña, por lo que resulta instrumental del apartado 1, sin que, como hemos visto, la referencia a su «plena capacidad y atribuciones para la organización y el ejercicio de las funciones a que se refiere el apartado 1» suponga invasión o limitación del ámbito reservado al legislador orgánico.

Por todo ello, no puede prosperar la impugnación del art. 204.1 y 4 EAC...[93]".

Se extrae del tenor de la sentencia el alcance de las competencias en materia de inspección sobre tributos cedidos y el encaje constitucional de la Agencia Tributaria dentro del marco propio autonómico en ejercicio de las potestades de autoorganización que posee la Comunidad Autónoma.

En materia presupuestaria el artículo 184 E.A.Can. atribuye a la Comunidad Autónoma la potestad para elaborar el proyecto de ley de los Presupuestos Generales de la Comunidad Autónoma así como potestad reglamentaria para aprobar los reglamentos generales de los impuestos propios de la Comunidad y las normas reglamentarias precisas para gestionar los impuestos estatales cedidos, de acuerdo con los términos de dicha cesión y previa audiencia de los cabildos y del Consejo Municipal de Canarias.

93 STC 31/2010, de 28 de junio.

De conformidad a lo dispuesto en el artículo 185 E.A.Can. corresponde al Parlamento de Canarias la aprobación y fiscalización de los Presupuestos Generales de la Comunidad Autónoma, así como examinar el uso eficiente de las consignaciones de los presupuestos de las islas destinados a financiar competencias delegadas a las mismas, velando para que se cumpla al respecto el principio de suficiencia financiera. Dichos Presupuestos que tendrán carácter anual e igual período que los del Estado, incluirán la totalidad de las previsiones de ingresos y la autorización de gastos corrientes y de inversión, debiendo ser aprobados antes del primer día del ejercicio económico correspondiente y en el supuesto de que así no fueran quedarán automáticamente prorrogados en sus respectivas vigencias.

Respecto al sector público económico archipielágico, el artículo 188 E.A.Can faculta a los poderes públicos canarios para constituir un sector público económico autonómico. Dicho artículo en su apartado segundo establece la posibilidad que la Comunidad Autónoma proponga las personas que hayan de formar parte de los órganos de administración de aquellas empresas públicas de titularidad estatal implantadas en Canarias que dicha legislación determine.

En materia de reclamaciones económico-administrativas el artículo 174 E.A.Can. dispone que la Comunidad Autónoma de Canarias asumirá, por medio de sus propios órganos económico-administrativos, la revisión por la vía administrativa de las reclamaciones que los contribuyentes puedan interponer contra los actos de aplicación de los tributos a que se refieren los apartados 1 y 2 del artículo 186 de este Estatuto –gestión, liquidación, recaudación e inspección de sus propios tributos así como respecto de tributos cedidos–, sin perjuicio de las competencias en materia de unificación de criterio que le corresponden a la Administración General del Estado.

El órgano competente de la Comunidad Autónoma de Canarias que se determine por su normativa específica conocerá del recurso extraordinario de revisión contra actos firmes de su Administración tributaria y contra resoluciones firmes de sus propios órganos económico-administrativos.

De conformidad a lo dispuesto en el artículo 30 de la Ley 9/2016, de 11 de diciembre, tributaria de la Comunidad Autónoma de Canarias, en el ámbito de las competencias de la Comunidad Autónoma serán órganos competentes para el conocimiento y resolución de las cuestiones relativas a las reclamaciones económico-administrativas la Junta Central

Económico-Administrativa de Canarias y las Juntas Territoriales Económico-Administrativas de Las Palmas y de Santa Cruz de Tenerife.

7.2.4. El patrimonio de la Comunidad Autónoma de Canarias

De conformidad a lo dispuesto en el artículo 189 E.A.Can. el patrimonio de la Comunidad Autónoma de Canarias está integrado por el conjunto de los bienes y derechos de la Administración Pública de la Comunidad Autónoma y de sus organismos autónomos, cualquiera que sea su naturaleza y el título de su adquisición o aquel en virtud del cual les hayan sido atribuidos, debiendo ser regulados por ley del Parlamento de Canarias su administración, defensa y conservación.

Respecto al patrimonio insular, el artículo 190 E.A.Can. regula el mismo, estando integrado por el conjunto de los bienes y derechos de cada isla y de los organismos públicos que se encuentren en relación de dependencia o vinculación con la misma, cualquiera que sea su naturaleza y el título de su adquisición o aquel en virtud del cual les hayan sido atribuidos.

Capítulo VIII

Relaciones institucionales y acción exterior de la Comunidad Autónoma de Canarias

8.1. Relaciones interadministrativas

El artículo 191 E.A.Can. regula las relaciones de colaboración y de cooperación con el Estado y las demás Comunidades Autónomas bajo los principios de lealtad institucional, de solidaridad, de defensa del interés general y de respeto a sus respectivas competencias.

De igual forma el artículo garantiza la participación de la Comunidad Autónoma en los órganos del Estado, así como en sus organismos y entidades públicas, en los términos establecidos por las leyes, pudiendo celebrar los acuerdos y convenios de cooperación con el Estado que estime convenientes a través de la Comisión Bilateral de Cooperación, cuya regulación viene expresamente recogida en el artículo 192 del Estatuto de Autonomía.

A propósito de dicha Comisión Bilateral de Cooperación que instituye el establecimiento de relaciones bilaterales entre Canarias y el Estado, el artículo 192 la define como el marco general y permanente de relación entre el Gobierno de Canarias y el del Estado para conocer y tratar las cuestiones de interés común que establezcan las leyes o que planteen las partes, y en particular:

a) Las controversias de cualquier índole planteadas entre las dos partes y la propuesta, si procede, de medidas para resolverlas y, en su caso, para la aplicación e interpretación del Estatuto de Autonomía, sin perjuicio de la jurisdicción propia del Tribunal Constitucional y de los Tribunales de Justicia.

b) El seguimiento de la política europea para garantizar la efectividad de la participación de Canarias en los asuntos de la Unión Europea, en particular en la formación de la posición del Estado con relación al diseño y aplicación de las políticas comunes comunitarias y de las normas con incidencia directa en el régimen económico y fiscal de Canarias.

c) La participación, información, colaboración y coordinación en el ejercicio de sus respectivas competencias.

En cuanto a su composición, la misma estará integrada por un número igual de representantes del Gobierno de Canarias y del Gobierno del Estado y podrá ser convocada a petición de una de las partes con carácter extraordinario, debiendo adoptar por acuerdo de ambas partes su reglamento interno de funcionamiento.

Ya tuvimos la oportunidad de referirnos a la Comisión Bilateral de Cooperación en el epígrafe correspondiente a la organización económico-financiera de la Comunidad Autónoma y como la misma constituyó una creación *ex novo* por el legislador estatutario en el Estatuto de Autonomía de Cataluña, y que posteriormente fue asumida su integración en las distintas reformas estatutarias que se emprendieron en la legislatura 2004-2008.

El Tribunal Constitucional tuvo oportunidad de pronunciarse a propósito de la impugnación del artículo 183 del Estatuto de Autonomía de Cataluña, desestimando dicha eventual objeción constitucional y pronunciándose en los siguientes términos:

> *"El art. 183.2 concreta las funciones de esta Comisión, diferenciando, según el alcance del ámbito de competencias e intereses de la Generalitat, entre la mera deliberación, la facultad de formular propuestas e, incluso, la de alcanzar acuerdos en aquellos casos en que corresponda, respetando el sistema de distribución de competencias. No habría duda, para el Ejecutivo catalán, de que los proyectos de ley o las programaciones económicas, cuando incidan singularmente en el ámbito de competencias autonómicas, pueden, en virtud del principio de lealtad constitucional, ser objeto de deliberación y propuesta en este órgano de composición bilateral sin que ello merme la capacidad del Estado para adoptar, en el ámbito de sus competencias, la decisión que estime adecuada. Tampoco la facultad de efectuar la propuesta de cuáles son los órganos del sector económico estatal en los que es aplicable la previsión del art. 182 supondría una injerencia en las competencias del Estado, pues se trata de una mera propuesta, que no desplaza la capacidad del Estado para decidir. Se apunta, por demás, la analogía*

del art. 216.2 de la propuesta de reforma del Estatuto de Autonomía de Andalucía con el ahora controvertido... Por lo que hace al art. 183 alega el Parlamento de Cataluña que la existencia de una Comisión Bilateral Generalitat-Estado no es una novedad en términos absolutos derivada del Estatuto de Autonomía de 2006, pues desde 1987 se contaba con una y, posteriormente, la Ley 30/1992 reconoció jurídicamente este tipo de instrumento de relación bilateral. En ningún caso las funciones de la Comisión Bilateral, como órgano de participación y colaboración, podrían dejar sin efecto o sustituir las decisiones que deba adoptar el Estado en el ejercicio de sus competencias[94]*".*

El artículo 193 E. A. Can. faculta a la Comunidad Autónoma para celebrar convenios con otras comunidades autónomas para la gestión y prestación de servicios propios correspondientes a materias de su exclusiva competencia, debiendo ser dichos acuerdos aprobados por el Parlamento de Canarias, si tienen una afectación legislativa. Prevé el artículo que en el resto de casos, el Gobierno de Canarias deberá informar al Parlamento de la suscripción en el plazo de un mes desde la firma, debiendo ser todos los convenios comunicados a las Cortes Generales, entrando en vigor a los treinta días de dicha comunicación, salvo que las partes acuerden, en dicho plazo, que, por su contenido, el convenio debe seguir el trámite previsto en el artículo 145.2 CE, como acuerdo de cooperación.

El Dictamen 131/2019 del Consejo Consultivo de Canarias, de 8 de abril, ha puesto de manifiesto la ausencia de una regulación administrativa adecuada que ordene la tramitación de los correspondientes expedientes de convenio sin afectación legislativa.

El Consejo Consultivo ha señalado que el vigente Decreto 11/2019, por el que se regula la actividad convencional y se crean y regulan el Registro General Electrónico de Convenios del Sector Público de la Comunidad Autónoma y el Registro Electrónico de Órganos de Cooperación de la Administración Pública de la Comunidad Autónoma de Canarias contradice el artículo 193 E.A.Can. al mantener una tramitación homogénea de los diferentes convenios que puede concertar la Comunidad Autónoma de Canarias con otras Comunidades Autónomas. Sin embargo, la reciente regulación de la actividad convencional del sector público autonómico de Canarias, no solo no detalla el procedimiento de los convenios, sin

94 STC 31/2010, de 28 de junio.

afectación legislativa, sino que omite otras cuestiones relativas a la aprobación o a la suscripción de dichos convenios. Desde esta perspectiva, el Consejo Consultivo ha manifestado la aplicación por analogía del artículo 20 f) de la Ley 1/1983, de 14 de abril, del Gobierno y de la Administración Pública de la Comunidad Autónoma de Canarias, para considerar competente al Consejo de Gobierno, y del artículo 7 del mismo cuerpo legislativo, para destacar que la firma de este tipo de convenios corresponde al Presidente del Gobierno[95].

Finalmente el artículo 194 E.A.Can. regula las relaciones con otras administraciones públicas canarias, siendo presididas por los principios de lealtad institucional, coordinación, cooperación y colaboración.

El apartado segundo del artículo posibilita que el Gobierno de Canarias, los cabildos insulares y los ayuntamientos creen órganos de cooperación, con composición bilateral o multilateral, de ámbito general o sectorial, en aquellas materias en las que exista interrelación competencial y con funciones de coordinación o cooperación, según los casos.

8.2. Acción exterior

La cuestión relativa a la proyección exterior de la actuación política de los poderes públicos autonómicos fue objeto de acalorada discusión en los primeros años de desarrollo autonómico, por cuanto el artículo 149. 1. 3º CE atribuía competencia exclusiva al Estado en materia de relaciones internacionales. El Tribunal Constitucional tuvo oportunidad de pronunciarse en sentencia 165/1994 de 26 de mayo en el conflicto positivo de competencia núm. 1.501/88, promovido por el Gobierno de la Nación frente al Gobierno del País Vasco, en relación con el Decreto 89/1988, de 19 de abril, del Gobierno Vasco, por el que se establecía la estructura orgánica del Departamento de Presidencia, Justicia y Desarrollo Autonómico por el que se creaba una oficina en Bruselas para actuar como órgano de relación y coordinación general con dichas Instituciones" y "coordinar las relaciones que se produzcan entre las Instituciones Públicas Vascas y los Organismos Comunitarios y el Consejo de Europa". El Tribunal Constitucional desestimó el conflicto positivo de competencias y delimitó el alcance de la capacidad exterior de los entes autonómicos arguyendo entre

95 Israel Expósito Suarez. *El Estatuto de Autonomía de Canarias*. Thompson Reuters. Pág. 869.

otras razones que" no es posible concluir que, forzosamente, las *"relaciones que se produzcan entre las Instituciones Públicas Vascas y los organismos comunitarios y el Consejo de Europa" [apartado d) del art. 23 del Decreto] vayan a suponer, en todos o en algún caso, una invasión de la competencia estatal del art. 149.1.3 C.E., por versar sobre las materias propias de las relaciones internacionales. Más bien, y según se ha expuesto más arriba, la naturaleza y relevancia de las actividades de las instituciones comunitarias, sobre el ejercicio de las competencias de las Comunidades Autónomas, conducen a apreciar que, en forma natural, deberá existir una labor de seguimiento e información por parte de las Comunidades Autónomas, y en estos casos, de la Comunidad Autónoma del País Vasco, respecto de esas actividades, de su previsible evolución, y de sus eventuales repercusiones en el respectivo ámbito autonómico. Pues bien, no cabe inferir, del tenor del precepto de que se trata, que esta labor (ni en lo que se refiere a las instituciones comunitarias, ni respecto del Consejo de Europa) vaya a versar sobre materias como celebración de acuerdos internacionales, ejercicio del ius legationis o asunción de responsabilidad internacional. Si así fuera, ciertamente se produciría una actuación autonómica ultra vires y podría ser objeto de la correspondiente impugnación; pero ello representa una eventualidad que, obviamente, no es posible enjuiciar ahora, ni según se dijo, resulta automáticamente deducible de la literalidad del precepto impugnado, que puede entenderse referido a tareas más modestas, y reducidas a la instrumentación del ejercicio de competencias autonómicas. Debe pues entenderse que las relaciones cuya coordinación se encomienda al "Gabinete para Asuntos relacionados con las Comunidades Europeas" se refieren a aquellas actividades de información y conexión respecto de instituciones europeas que no inciden en el ámbito de las relaciones internacionales reservadas al Estado*[96]. Sentada por tanto la capacidad de las Comunidades Autónomas para proyectarse en el exterior en el ejercicio de sus políticas públicas procede analizar los preceptos que el Estatuto de Autonomía dedica a la materia.

La Sentencia 165/1994 de 26 de mayo condicionó por tanto la actuación internacional de las Autonomías al cumplimiento de cuatro requisitos: en primer lugar que la actuación autonómica no implique obligaciones inmediatas ni actuales del Estado frente a poderes públicos extranjeros; en segundo lugar que, resultado de la misma, no se genere responsabi-

96 STC 165/1994 de 26 de mayo.

lidad internacional del Estado frente a terceros Estados; en tercer lugar, que no incida en la Política Exterior del Estado; y, finalmente, que la Autonomía disponga de atribución competencial efectiva y que la actuación externa sea necesaria o conveniente para una correcta ejecución de la competencia. El Tribunal focalizaba su atención en evitar los perjuicios que pudieran derivarse para el Estado de las actuaciones exteriores, permitiendo una proyección internacional instrumental de las Autonomías, es decir basada en la obligación autonómica de ejecutar las competencias adquiridas. De hecho, la Asesoría Internacional del Ministerio de Asuntos Exteriores y de Cooperación, órgano encargado de revisar los acuerdos externos cuando son enviados desde las Autonomías, verifica que el objeto de acuerdo se encuentre amparado dentro de alguna norma atributiva de competencia y si su suscripción constituye un legítimo ejercicio de la misma[97].

El artículo 195 E.A.Can. atribuye al Gobierno de Canarias, dentro del ámbito de sus competencias y de la defensa del interés general que le está constitucionalmente atribuida, el ejercicio de su propia acción exterior, sin perjuicio de la función de representación y las competencias que corresponden al Estado, pudiendo impulsar aquellas iniciativas destinadas a facilitar la cooperación en aquellos países o territorios donde existan comunidades de canarios o de descendientes de estos, así como con los países vecinos y con las otras regiones ultraperiféricas en el marco de los programas de cooperación territorial europeos.

Para ello, el Gobierno de Canarias, a través de sus delegaciones en el exterior, promoverá en colaboración con el Estado, la proyección exterior de la Comunidad Autónoma en el marco de las previsiones contenidas en el presente Estatuto y en la legislación general del Estado y de las organizaciones internacionales.

Conviene señalar que esta cuestión viene refrendada, entre otras normas, en la Ley 2/2014, de 25 de marzo, de la Acción y del Servicio Exterior del Estado, entre otros, a las CCAA, lo cual no permite desmentir que es el Estado el único ente con subjetividad internacional[98].

---

97 Alberto Arrufat Cárdava. *La proyección internacional de las comunidades autónomas. Un análisis particular de la comunidad valenciana*. Tirant Monografías. 2014.

98 Carmelo Faleh Pérez. *El Estatuto de Autonomía de Canarias*. Thompson Reuters. Pág. 883.

Por el Decreto 161/2008, de 15 de julio, de Presidencia del Gobierno de Canarias se regulan las delegaciones y oficinas sectoriales del Gobierno de Canarias en el extranjero que tiene por objeto según el artículo 1 de la norma la regulación de las delegaciones del Gobierno de Canarias y oficinas sectoriales que se creen fuera del ámbito territorial del Estado español con la finalidad de organizar la presencia institucional de la Comunidad Autónoma en el exterior y de dar soporte a las relaciones con personas y entidades en el exterior.

En cuanto a las relaciones con la Unión Europea, el artículo 196 E.A.Can. faculta a la Comunidad Autónoma para participar en las instituciones de la Unión, así como de los diferentes organismos internacionales, en los términos establecidos por la Constitución, el Estatuto de Autonomía, los tratados y convenios internacionales, la legislación aplicable y los acuerdos suscritos entre el Estado y Canarias, debiendo producirse dicha participación de forma preceptiva cuando se afecte a su condición de región ultraperiférica o se traten materias como cooperación transnacional y transfronteriza, políticas económico-fiscales, políticas de innovación, sociedad de la información, investigación y desarrollo tecnológico, cuando afecten singularmente los intereses del archipiélago canario.

Igualmente, el Gobierno de Canarias podrá formar parte de las delegaciones españolas ante la Unión Europea cuando se vea afectada su condición de región ultraperiférica.

El artículo 197 E.A.Can que lleva por rúbrica la *"Aplicación y desarrollo del Derecho de la Unión Europea"* impone a la Comunidad Autónoma la obligación de desarrollar, transponer y ejecutar el Derecho de la Unión Europea.

Respecto a la participación de las Comunidades Autónomas en las instituciones de la Unión Europea, la misma resulta ineludible de la propia lectura de los Tratados Constitutivos y del derecho originario. Así el Tratado de Maastricht dio lugar al Comité de las Regiones como órgano de participación política donde dar cabida a las aspiraciones legítimas de las regiones que conforman la Unión Europea. El Tratado de Lisboa en su artículo 4.2 afirma la autonomía regional al establecer que *la Unión respetará la igualdad de los Estados miembros ante los Tratados, así como su identidad nacional, inherente a las estructuras fundamentales políticas y constitucionales de éstos, también en lo referente a la autonomía local y regional.*

En materia de Tratados y Convenios Internacionales que pudieran afectar a las singularidades de la Comunidad Autónoma o a las condiciones para la aplicación de la normativa europea la Comunidad Autónoma de Canarias será informada durante el proceso de negociación y elaboración de los mismos, resultando preceptiva la manifestación de su parecer una vez recibida la información al respecto.

Respecto a la ejecución de los tratados y convenios internacionales, el apartado segundo del artículo 198 E.A.Can. faculta a la Comunidad Autónoma para adoptar las medidas necesarias cuando estas afecten a las materias atribuidas a su competencia.

En cuanto al ejercicio de acciones ante el Tribunal de Justicia de la Unión Europea el artículo 199 E.A.Can. posibilita la participación del Gobierno de Canarias en los procedimientos ante el Tribunal en los términos establecidos por la normativa que sea de aplicación, pudiendo además instar al Gobierno del Estado a iniciar acciones ante el Tribunal de Justicia de la Unión Europea.

Respecto a la posibilidad de que la Comunidad Autónoma de Canarias pueda acceder al Tribunal directamente es hacerlo como un particular en calidad de personas jurídicas, pues la jurisprudencia europea ha exigido a las regiones el cumplimiento de los mismos requisitos establecidos a los particulares para poder interponer un recurso de anulación contra actos jurídicamente obligatorios definitivos y con efectos a terceros de las instituciones de la Unión, con independencia del *estatus* constitucional de cada región, siendo por tanto necesario que la Comunidad Autónoma sea destinataria de dichos actos o le afecten directamente y no incluyan medidas de ejecución. De igual forma podrán plantear el recurso de omisión (artículo 265 TFUE) y por responsabilidad extracontractual (artículos 269 y 340 TFUE)[99].

---

99 Ruth Martinon Quintero. *El Estatuto de Autonomía de Canarias*. Thompson Reuters. Pág. 920.

Capítulo IX

Reforma del Estatuto de Autonomía de Canarias

Establece el artículo 200 E.A.Can. que la iniciativa de la reforma corresponderá al Gobierno o al Parlamento de Canarias a propuesta al menos de una quinta parte de sus diputados. Esta cuestión relativa a la iniciativa autonómica constituye la primera gran novedad introducida por el legislador estatutario al suprimir la iniciativa de las Cortes Generales que contenía el anterior artículo 64 del Estatuto de Autonomía aprobado en 1982 y modificado por ley orgánica 4/1996 de 30 de diciembre.

La propuesta de reforma requerirá, en todo caso, la aprobación del Parlamento de Canarias por mayoría de tres quintos de sus miembros, la aprobación de las Cortes Generales mediante ley orgánica y, finalmente, ser sometido a referéndum de los electores.

Advertimos por tanto una segunda novedad en el texto autonómico y es que la propuesta de reforma requiere mayoría de tres quintos en lugar de mayoría absoluta del texto anterior, lo que refuerza el consenso sobre la iniciativa de reforma autonómica acordada y es consecuente con la necesidad de que la norma de cabecera del ordenamiento autonómico cuente con el mayor respaldo representativo posible.

En cuanto al procedimiento de aprobación de la reforma seguirá las siguientes fases de conformidad a lo dispuesto en el apartado tercero del artículo 200 E.A.Can:

a) Aprobada la propuesta de reforma por el Parlamento de Canarias, se remitirá al Congreso de los Diputados. Una vez sometida al Pleno del Congreso, la Comisión Constitucional del Congreso nombrará una ponencia paritaria entre el Congreso de los Diputados y el Parlamento de Canarias para intentar alcanzar un acuerdo sobre el texto. Llegado a un acuerdo común sobre el texto, se remitirá al pleno de la comisión para su votación y si esta es favorable, se someterá al Pleno del Congreso para su aprobación.

b) La tramitación de la propuesta de reforma en el Senado debe seguir un procedimiento análogo al del apartado anterior en cuanto a la formulación de un acuerdo común sobre el texto por parte de una ponencia del Senado y una delegación del Parlamento de Canarias.

Si las Cortes Generales, durante la tramitación parlamentaria, modificaran sustancialmente la reforma propuesta, se devolverá al Parlamento de Canarias para nueva deliberación, acompañando mensaje motivado sobre el punto o puntos que hubieren ocasionado su devolución y proponiendo soluciones alternativas, en cuyo caso el Parlamento de Canarias podrá acceder a las mismas, proponer otras soluciones o desistir de la reforma estatutaria.

Por tanto la última palabra sobre una eventual divergencia se atribuye al Parlamento de Canarias, que puede acceder a las soluciones que le proponen, proponer otras o, en fin, desistir definitivamente de la reforma estatutaria[100].

La aprobación de la reforma por las Cortes Generales mediante ley orgánica incluirá la autorización del Estado para que el Gobierno de Canarias convoque, en el plazo de tres meses, el referéndum de ratificación por los electores.

Finalmente el apartado cinco del artículo 200 E.A. Can. establece que si la propuesta de reforma no es aprobada por el Parlamento de Canarias o por las Cortes Generales, o no es confirmada mediante referéndum por el cuerpo electoral, no podrá ser sometida nuevamente a debate y votación del Parlamento hasta que haya transcurrido un año.

El artículo 201 E. A. Can. introduce un procedimiento de reforma abreviado que constituye una novedad estatutaria y que podrá abordarse cuando la reforma afectare solo al capítulo II del título I del Estatuto, pudiendo procederse de la siguiente manera:

a) Aprobación de la propuesta de reforma por el Parlamento de Canarias por mayoría de tres quintas partes de sus miembros.

---

100 Oscar Bosh Benítez. *El Estatuto de Autonomía de Canarias.* Thompson Reuters. Pág. 931.

b) Aprobada la propuesta de reforma, se someterá a consulta de las Cortes Generales.

c) Si en el plazo de treinta días, a partir de la recepción de la consulta prevista en el apartado precedente, las Cortes Generales no se declarasen afectadas por la reforma, se ratificará la misma mediante ley orgánica.

d) Si en plazo señalado en la letra c) las Cortes se declarasen afectadas por la reforma, esta habrá de seguir el procedimiento previsto en el artículo anterior, dándose por cumplidos los trámites del apartado a) del número 1 del mencionado artículo.

Para finalizar conviene hacer mención a la garantía de audiencia a los cabildos insulares cuando la reforma tuviera por objeto una alteración en la organización de los poderes de Canarias que afectara directamente a las islas, se requerirá la audiencia previa de los cabildos insulares. La expresión "afectación a las islas" viene a significar que la reforma ha de incidir sustancialmente en la organización y/o competencias de los cabildos insulares en tanto que órganos de gobierno, administración y representación de las islas[101].

101 Oscar Bosh Benítez. *El Estatuto de Autonomía de Canarias.* Thompson Reuters. Pág. 935.

Capítulo X
Organización Institucional de la Comunidad Autónoma de Canarias

10.1. Introducción sobre modelo de organización institucional establecido en la Constitución Española

El artículo 152.1 de la Constitución establece la estructura institucional de las Comunidades Autónomas que accedan al régimen de autogobierno de conformidad a lo establecido en el artículo 151 y por tanto sirve de consagración explícita de la existencia en nuestra Constitución de un principio de homogeneidad entre la forma política y estructura institucional del Estado y sus correlativas en las Comunidades Autónomas a la vista del contenido de dicho artículo y la estructura institucional en el mismo establecida.

El Tribunal Constitucional declaró en sus primeras sentencias (S.T.C. 4/1981, de 2 de febrero, y S.T.C. 25/1981, de 14 de julio) que la autonomía hace referencia a un poder limitado. La autonomía, dijo, no es soberanía, y aún este poder tiene sus límites. Prosiguió el Alto Tribunal afirmando que, dado que cada organización territorial dotada de poder autónomo es una parte del todo, en ningún caso el principio de autonomía puede oponerse al de unidad, sino que es precisamente dentro de éste donde alcanza su verdadero sentido, como expresa el artículo 2 de la Constitución.

El principio de homogeneidad, tiene un alcance reflejo e indirecto sobre la organización de las Comunidades Autónomas, al estar sujetas éstas, en el ejercicio de su autonomía, al marco constitucional, que es el que establece las exigencias de democraticidad, respeto a los derechos fundamentales y al Estado de Derecho en nuestro ordenamiento interno[102].

El primer principio a afirmar en materia de organización de nuestras Comunidades Autónomas es, por ello, el principio de aplicabilidad inmediata de la Constitución. El artículo 147.1 C.E. precisa, en efecto, que los Estatutos de autonomía son la norma institucional básica de cada Comunidad Autónoma, dentro de los términos de la presente Constitución. Todos los poderes públicos, y por ello los de las Comunidades Autónomas, están sujetos a la Constitución y al resto del ordenamiento jurídico (art. 9.1 C.E.). En consecuencia, existen innumerables preceptos de la Carta Fundamental que presentan lo que la doctrina alemana denomina efecto de homogeneidad ("Homogenitatseffekt"). Entre ellos se encuentran los que integran el Título preliminar y el catálogo de derechos y deberes constitucionales (arts. 138, 139; en especial 139.1 y 149.1.1.ª C.E.)[103].

Este principio de homogeneidad que predica Rodríguez Zapata en torno a la estructura institucional de las Comunidades Autónomas sin embargo no es absoluto en mi opinión y tiene matices, si nos atenemos a la redacción de la Constitución, dado que el artículo 152 del texto constitucional, en cuanto establecía una organización institucional para las Comunidades Autónomas, únicamente era aplicable a las Comunidades Autónomas que accediesen al régimen de autonomía por la vía del artículo 151. Para el resto de entes territoriales autónomos se establecía en el artículo 147 que la denominación, organización y sedes de las instituciones autónomas propias deberían regularse en cada uno de los Estatutos de Autonomía que se aprobasen. Por tanto de dicho artículo se infiere una cierta libertad de autoorganización por parte de las Comunidades Autónomas, si bien finalmente todas se acogieron a una estructura institucional homogénea conformada por una Asamblea Legislativa, un Consejo de Gobierno con funciones ejecutivas y administrativas y un Presidente, elegido por la Asamblea de entre sus miembros, y nombrado por el Rey, al que corresponde la dirección del Consejo de Gobierno, la suprema representación de la respectiva Comunidad y la ordinaria del Estado

102 Juan Manuel Verdugo Muñoz. *La asimetría de las Ciudades Autónomas de Ceuta Melilla*. UNED. 2012. Pág. 161.

103 Rodríguez-Zapata Pérez, Jorge. 1999. *Comentarios a la Constitución Española* de 1978. Tomo XI. Artículo 152 CE. Estructura Institucional de las Comunidades Autónomas. VLEX-339027.1999. Pág. 5.

en aquélla siendo el Presidente y los miembros del Consejo de Gobierno políticamente responsables ante la Asamblea[104].

El profesor RODRÍGUEZ-ZAPATA, consciente de la discrepancia en cierto sector doctrinal respecto a la homogeneidad en cuanto a la estructura institucional de las Comunidades Autónomas, sostiene que respecto a esa interpretación resulta de destacar sólo una dimensión negativa en el artículo 152.1. Pero la paradoja es, a su juicio, sólo aparente:

> *"Desaparece si se interpreta el 152.1 a la luz de la doctrina del principio de homogeneidad. Y es que este principio tiene, como el dios Jano, dos caras. Desde un punto de vista negativo irradia la forma política y la estructura constitucional del Estado central a todas las Comunidades Autónomas, presentes y futuras. Desde este ángulo se debe considerar que la imperatividad del artículo 152.1 es absoluta. Sería inconstitucional, por violación del artículo 152.1, cualquier norma estatutaria de cualquier Comunidad Autónoma que contraviniese el mandato de homogeneidad que dimana del artículo 152.1. El principio de homogeneidad tiene también una indudable dimensión positiva. No sólo contiene un mandato de homogeneidad, frente a la tolerancia, sino también una garantía de homogeneidad frente a la uniformidad. Desde esta perspectiva garantiza institucionalmente la forma de Estado compuesto que instaura la Constitución de 1978. No se puede regresar constitucionalmente al modelo de Estado unitario, vulnerando la autonomía política plena de determinadas Comunidades. ¿De todas? He aquí el punctum pruriens de la cuestión[105]".*

No obstante con independencia del debate doctrinal, como más atrás se señaló, se ha optado por extender a todas las Comunidades Autónomas el modelo institucional previsto en el artículo 152.1 CE solo para alguna de ellas. Lo que resulta coherente, dado que si a todas las Comunidades Autónomas, se decidió extender (en el proceso de desarrollo autonómico) la autonomía política (competencias legislativas), era prácticamente obligado que entonces, a todas ellas, se extendiese también el modelo que la Constitución había previsto para las que, desde el primer momento, pudieran adquirir ese grado de autonomía. Además, con vistas a la

104 JUAN MANUEL VERDUGO MUÑOZ. *La asimetría de las Ciudades Autónomas de Ceuta Melilla*. UNED. 2012. Pág. 162.

105 RODRÍGUEZ-ZAPATA PÉREZ, JORGE. 1999. *Comentarios a la Constitución Española... op. cit.* Págs. 7-8.

homogeneidad del sistema, también resulta coherente que no hubiese (con igual grado de autonomía) heterogeneidad de formas de gobiernos autonómicos[106].

El artículo 152.1 de la Constitución establece la estructura institucional de las Comunidades Autónomas que accedan al régimen de autogobierno de conformidad a lo establecido en el artículo 151 y por tanto sirve de consagración explícita de la existencia en nuestra Constitución de un principio de homogeneidad entre la forma política y estructura institucional del Estado y sus correlativas en las Comunidades Autónomas a la vista del contenido de dicho artículo y la estructura institucional en el mismo establecida.

El Presidente del Consejo de Gobierno es nombrado por el Rey, a propuesta del Presidente de la Asamblea Legislativa de la Comunidad Autónoma. El Presidente ostenta una doble condición: no sólo es el supremo representante de la Comunidad Autónoma, sino que también ostenta la "representación ordinaria del Estado", en aquélla.

Es obvio que si se quiere disponer de un órgano arbitral que asuma la suprema representación del pueblo, además de la de la Comunidad Autónoma, hay que volver la mirada hacia el Presidente de una Asamblea democrática. El artículo 152.1 no impone la figura de un Presidente de la Asamblea Legislativa como órgano necesario. Por ello, si los Estatutos hubieran unido la Presidencia del Consejo de Gobierno y la Presidencia de la Asamblea Legislativa, a semejanza de la posición del alcalde de un Ayuntamiento, las pretensiones de establecer un poder moderador habrían sido factibles[107].

En cuanto al poder judicial en el ámbito de la Comunidad Autónoma veíamos que el artículo 152 de la Constitución se cerraba con las normas relativas al sistema territorial y articulación del Poder Judicial dentro del ámbito territorial autonómico.

Es un dato admitido por el común de la doctrina que, en forma general, los Estados que han adoptado una estructura federal poseen un Poder Judicial compuesto, articulado en dos escalones distintos: federal y estatal. Tal es el caso, por

---

106 ARAGÓN REYES, MANUEL. 2008. *Estudios sobre la Constitución* Española. Homenaje a JORDI SOLÉ TURA. "La organización institucional de las Comunidades Autónomas". Cortes Generales. Madrid 2008. Pág. 1531.

107 RODRÍGUEZ-ZAPATA PÉREZ, JORGE. 1999. *Comentarios a la Constitución Española... op. cit.* Pág.13.

citar los ejemplos más sobresalientes, de la estructura del Poder Judicial en Estados Unidos, Australia, Canadá, Suiza y la República Federal de Alemania. En cambio, los Estados que, desde una forma unitaria, han evolucionado hacia el reconocimiento de autonomía a entes territoriales, poseen, también por regla general, un Poder Judicial único, sin que la articulación territorial del Poder haya incidido, al menos en forma importante, sobre la Planta de Justicia[108].

Este sería el modelo de organización institucional autonómica existente en nuestro ordenamiento político territorial, caracterizado por la homogeneidad aludida al comienzo de este epígrafe, si bien dicha homogeneidad no es absoluta si se tiene en cuenta la configuración institucional de las Ciudades Autónomas de Ceuta y Melilla donde por ejemplo se confunden la Presidencia de la Comunidad Autónoma y de la Asamblea Autonómica.

10.2. El Parlamento de Canarias

10.2.1. Introducción

El artículo 38 E.A.Can. configura al Parlamento de Canarias como órgano representativo del pueblo canario, el cual es elegido mediante sufragio universal, directo, igual, libre y secreto.

A continuación afirma el carácter inviolable de la institución y finaliza fijando la duración del mandato en cuatro años, salvo los supuestos de disolución anticipada.

Dicha redacción es coincidente en lo sustancial con la que contempla el artículo 1 del Reglamento del Parlamento de Canarias, si bien dicho artículo añade las funciones básicas del Parlamento. La redacción vigente de la norma reglamentaria fue publicada en el Boletín Oficial de Canarias en fecha 15 de octubre de 2019 tras última modificación operada de la norma.

Sin embargo, ni el carácter representativo, ni la inviolabilidad como garantía funcional, se pueden considerar suficientes para conseguir una definición completa del Parlamento de Canarias. Recuperando la clásica definición de Viver I Pi-Sunyer, el Parlamento de Canarias se puede describir como un órgano representativo, de relevancia constitucional y estatutaria (y, por tanto, supremo y autóctono), central y regional, autonómico y

---

108 RODRÍGUEZ-ZAPATA PÉREZ, JORGE. 1999. *Comentarios a la Constitución Española... op. cit.* Pág. 16.

general, colegiado y complejo, permanente y continuo, deliberante y de pública actuación y, por esencia, plurifuncional[109].

El Parlamento de Canarias representa al pueblo canario en cuyo nombre ejerce las funciones que el articulado estatutario le atribuye, representando la voluntad autonómica como voluntad parcial de la soberanía. A propósito de tal cuestión conviene hacer mención al pronunciamiento del Tribunal Constitucional en sentencia que resolvía el recurso de inconstitucionalidad núm. 5707-2008, interpuesto por el Presidente del Gobierno contra la Ley del Parlamento Vasco 9/2008, de 27 de junio, comúnmente denominada Plan Ibarretxe: *"...En nuestro sistema de democracia representativa, en el que la voluntad soberana tiene su lugar natural y ordinario de expresión en las Cortes Generales (art. 66.1 CE) y las voluntades autonómicas en los respectivos Parlamentos de las Comunidades Autónomas, los mecanismos de participación directa en los asuntos públicos quedan restringidos a aquellos supuestos en los que la Constitución expresamente los impone (caso de la reforma constitucional por la vía del art. 168 CE y de los procedimientos de elaboración y reforma estatutarios previstos en los arts. 151.1 y 2 y 152.2 CE) o a aquellos que, también expresamente contemplados, supedita a la pertinente autorización del representante del pueblo soberano (Cortes Generales) o de una de sus Cámaras...*[110]*"*.

La representación, en este caso, produce por tanto una traslación de la capacidad de decidir entre sujetos, por la cual el Parlamento de Canarias decide y actúa en nombre y por el pueblo canario. Los parlamentarios, y los grupos formados por ellos, a través de procesos delimitados por el ordenamiento y mediante impulsos surgidos de su voluntad, configuran los actos del Parlamento de Andalucía y de sus estructuras orgánicas, y lo hacen, conforme a la doctrina jurisprudencial del Tribunal Constitucional, como instrumentos en el ejercicio del derecho de participación del que son titulares todos los ciudadanos (art. 23.1 y 2 CE)[111].

---

109 Morales Arroyo. *Comentarios al Estatuto de Autonomía para Andalucía*. Obra coordinada por Pedro Cruz Villalón/Manuel Medina Guerrero.Parlamento de Andalucía. Ideas más tecnología. 2012. Pág. 1643.

110 STC 103/2008 de 11 de septiembre.

111 Morales Arroyo. *Comentarios al Estatuto de Autonomía para Andalucía*. Obra coordinada por Pedro Cruz Villalón/Manuel Medina Guerrero. Parlamento de Andalucía. Ideas más tecnología. 2012. Pág. 1644.

En cuanto a la inviolabilidad se establece y justifica como excepción al orden general, porque se conecta con el ejercicio de las funciones estatutarias, realizadas por el único órgano que ostenta la representación conjunta del pueblo canario; por lo tanto, la actuación del Parlamento se encuentra sometida a controles externos *expresamente articulados* en la Constitución, el Estatuto y otras disposiciones del ordenamiento jurídico, y las consecuencias de sus actos se solventarán en los mismos términos que las responsabilidades derivadas del mal funcionamiento de la Comunidad Autónoma[112].

10.2.2. Estatuto de los Diputados

En primer lugar el artículo 40 E.A.Can. establece que los diputados no estarán sujetos a mandato imperativo, siendo inviolables por los votos y opiniones que emitan en el ejercicio de su cargo. Como garantías parlamentarias se dispone que durante su mandato, no podrán ser detenidos ni retenidos, sino en caso de flagrante delito.

En este sentido, en términos de la STC 30/1997, [...] la prerrogativa [...] *constituye una excepción o límite constitucional al ejercicio por los Jueces y Tribunales de la potestad del art. 117.3 CE, que, si bien se extiende según el art. 4 LOPJ a todas las personas, a todas las materias y a todo el territorio español, lo es en la forma establecida en la Constitución y en las Leyes. Y de la Constitución deriva directamente este límite a su ejercicio puesto que el Tribunal que entiende en un litigio, rebasando los límites constitucionales o legales de sus atribuciones, no desarrolla una actividad válida. Por otra parte, los límites subjetivos de la jurisdicción exigen asimismo que no estén sustraídas a su ámbito las personas que hayan de intervenir como partes y en el caso del parlamentario su prerrogativa le sustrae absolutamente, no sólo por razón de la persona sino también de la materia, cuando el objeto del proceso consiste en exigirle responsabilidad por expresiones proferidas en su actuación* (FJ 6.º) 100. STC 30/1997 de 24 de febrero.

El contenido de esta prerrogativa parlamentaria ha sido configurado por este Tribunal (STC 243/1988) como un privilegio de naturaleza sustantiva (a diferencia de la inmunidad, al que califica como de naturaleza formal) que garantiza la irres-

112 Morales Arroyo. *Comentarios al Estatuto de Autonomía para Andalucía*. Obra coordinada por Pedro Cruz Villalón/Manuel Medina Guerrero. Parlamento de Andalucía. Ideas más tecnología. 2012. Pág. 1645.

ponsabilidad jurídica de los parlamentarios por las opiniones manifestadas en el ejercicio de sus funciones, entendiendo por tales aquellas que realicen en actos parlamentarios y en el seno de cualquiera de las articulaciones de las Cortes Generales o, por excepción, en actos exteriores a la vida de las cámaras que sean reproducción literal de un acto parlamentario, siendo finalidad específica del privilegio asegurar, a través de la libertad de expresión de los parlamentarios, la libre formación de la voluntad del órgano legislativo al que pertenezcan (fundamento jurídico 3). Privilegio que "incide negativamente en el ámbito del derecho a la tutela judicial" pues "impide la apertura de cualquier clase de proceso o procedimiento que tenga por objeto exigir responsabilidad a los Diputados o Senadores por las opiniones manifestadas en el ejercicio de sus Funciones" (SSTC 36/1981 y 243/1988), en el caso, las que ejerce el recurrente de amparo en el Parlamento de la Comunidad Autónoma de Extremadura, en virtud del citado art. 26.1 de su Estatuto» (STC 30/1997, FJ 5.º)[113].

Lo más destacado de la nueva redacción del Estatuto de Autonomía es la supresión de los aforamientos (regla de atribución de competencia jurisdiccional para la investigación, encausamiento y enjuiciamiento de los presuntos delitos eventualmente imputados al titular del mandato, habitualmente variable: Tribunal Superior de Justicia de la Comunidad Autónoma para el caso de delitos cometidos en territorio autonómico y Tribunal Supremo para casos extraterritoriales). Por tanto el legislador estatutario se convierte en el primero dentro del panorama nacional en hacer desaparecer de la principal norma de cabecera del ordenamiento autonómico el privilegio de aforamiento para sus legítimos representantes parlamentarios. Idéntica supresión acontece con el Presidente de la Comunidad Autónoma y los miembros del Consejo de Gobierno de la misma.

Finalmente en el apartado tercero en lo que concierne a la retribución de los miembros del Parlamento se dispone que los mismos percibirán las asignaciones económicas que se establezcan en los Presupuestos de la Cámara, para su posterior integración en los Presupuestos Generales de la Comunidad Autónoma de Canarias.

---

113 MORALES ARROYO. *Comentarios al Estatuto de Autonomía para Andalucía*. Obra coordinada por PEDRO CRUZ VILLALÓN/MANUEL MEDINA GUERRERO. Parlamento de Andalucía. Ideas más tecnología. 2012. Pág. 1666.

10.2.3. Régimen electoral

El Estatuto de Autonomía dedica dos artículos a configurar el sistema electoral destinado a regir los designios parlamentarios de la Comunidad Autónoma. Por una parte el artículo 39 que fija las condiciones para tener la condición de electores y elegibles, considerando como tales a las personas mayores de edad inscritas en el censo que gocen de la condición política de canarios, según el presente Estatuto, y se encuentren en pleno disfrute de sus derechos civiles y políticos, sin perjuicio de las causas de inelegibilidad establecidas por la ley, y por otro lado la Disposición Transitoria Primera del Estatuto que determina los condicionantes básicos de elección electoral en tanto y cuanto no se apruebe la ley electoral que según el artículo 39 deberá ser aprobada en el plazo de 3 años desde la entrada en vigor del Estatuto. El artículo 39 E.A.Can fija una horquilla de entre 50 y 75 diputados que deberán ser elegidos conforme al principio de representación proporcional.

El régimen electoral canario ha sido objeto de numerosas críticas desde que se introdujo el mecanismo denominado de doble paridad con el objetivo de ponderar la representación parlamentaria correspondiente a las denominadas islas menores.

Dicha *triple paridad* se introdujo en la Disposición Transitoria Primera del Estatuto de Autonomía reformado por Ley Orgánica 4/1996, de 30 de diciembre. Establecía dicha Disposición Transitoria:

> *De acuerdo con lo establecido en el artículo 9 del presente Estatuto, y en tanto no se disponga otra cosa por una Ley del Parlamento Canario aprobada por mayoría de dos terceras partes de sus miembros, se fija en 60 el número de Diputados del Parlamento Canario, conforme a la siguiente distribución: 15 por cada una de las Islas de Gran Canaria y Tenerife, ocho por La Palma, ocho por Lanzarote, siete por Fuerteventura, cuatro por La Gomera y tres por El Hierro.*
>
> *Igualmente, de acuerdo con lo establecido en el artículo 9 del presente Estatuto, y en tanto no se disponga otra cosa por una Ley del Parlamento Canario aprobada por mayoría de dos terceras partes de sus miembros, se establece que sólo serán tenidas en cuenta aquellas listas de partido o coalición que hubieran obtenido el mayor número de votos válidos de su respectiva circunscripción electoral y las siguientes que hubieran obtenido, al menos, el 30 por 100 de los votos válidos emitidos en la circunscrip-*

ción insular o, sumando los de todas las circunscripciones en donde hubiera presentado candidatura, al menos, el 6 por 100 de los votos válidos emitidos en la totalidad de la Comunidad Autónoma.

Este sistema electoral generaba en palabras de JUAN FERNANDO LÓPEZ AGUILAR una enorme tensión con el principio de igualdad –esto es, desigualitario y anti proporcional en relación a los escaños por los sufragios obtenidos– en relación a al resto de sistemas electorales de la España autonómica. Para dicho autor la conjugación (acumulativa en el curso de los años) del número relativo de escaños de cada circunscripción insular, esa *"triple paridad"* ha supuesto también la sobreponderación (mediante el premio de escaños) de las formaciones políticas y de las candidaturas de radicación preferente o estrictamente *insularista*, redundando en detrimento de toda tentativa o esfuerzo de articulación de una oferta de gobernanza regional con vocación *pancanaria*[114]. La reforma operada por Ley Orgánica 1/2018 de 5 de noviembre da una nueva redacción a la Disposición Transitoria Primera que queda configurada en los siguientes términos:

Hasta tanto no se apruebe la Ley electoral prevista en el artículo 39 del presente Estatuto, se fija en setenta el número de diputados y diputadas del Parlamento de Canarias. Sesenta y un escaños se distribuirán entre las circunscripciones insulares de la siguiente forma: 3 por El Hierro, 8 por Fuerteventura, 15 por Gran Canaria, 4 por La Gomera, 8 por Lanzarote, 8 por La Palma y 15 por Tenerife. Los nueve escaños restantes se asignarán a la circunscripción autonómica de Canarias.

2. A efectos de la elección en las circunscripciones insulares, solo serán tenidas en cuenta aquellas listas de partido o coalición que hubieran obtenido, al menos, el 15 por ciento de los votos válidos de su respectiva circunscripción insular, o, sumando los de todas las circunscripciones insulares hubieran obtenido, al menos, el 4 por ciento de los votos válidos emitidos en la totalidad de la Comunidad Autónoma.

3. A efectos de la elección en la circunscripción autonómica, sólo serán tenidas en cuenta aquellas listas de partido o coalición que hubieran obtenido, al menos, el 4 por 100 de los votos válidos emitidos en la totalidad de la Comunidad Autónoma.

---

114 LÓPEZ AGUILAR. *El Estatuto de Autonomía de Canarias*. Thompson Reuters. Pág. 215.

4. El Parlamento de Canarias elaborará, en un plazo no superior a tres años desde la entrada en vigor del presente Estatuto de Autonomía, la ley a que se refiere el artículo 39.2.

El objetivo de la reforma que en principio resultaba más ambiciosa se ha limitado a corregir parcialmente la infrarrepresentación electoral de formaciones políticas que en su conjunto pueden obtener una importante cantidad de sufragios a nivel regional pero que fruto de la *triple paridad* se arriesgan a quedar fuera del Parlamento adulterando de forma notable el instituto de la representación política y la voluntad popular. No otra cosa ocurrió a las elecciones al Parlamento de Canarias de mayo de 2015 cuando la formación política Ciudadanos obtuvo 53.981 votos en el conjunto del archipiélago y sin embargo quedó fuera del Parlamento de Canarias al no obtener el 6% de los votos válidos emitidos, quedándose en un 5, 93%. Sin embargo y a modo de ejemplo la Agrupación Socialista Gomera con 5.089 votos y apenas un 0, 56% de los votos válidamente emitidos obtuvo 3 diputados en el Parlamento de Canarias. Ello hace que se prime el elemento territorial sobre el voto popular distorsionando el valor *pluralismo político* que nuestra Constitución propugna como valor superior del ordenamiento jurídico.

Los principales aspectos de la reforma radican en primer lugar corregir la infrarrepresentación de la isla de Fuerteventura que contaba con 7 diputados frente a los 8 diputados de La Palma, fruto de que en el momento en que se aprueba la reforma operada por Ley Orgánica 4/1996 esta última isla tenía mayor población que Fuerteventura. Se establece una circunscripción regional, conformada por 9 diputados, junto a las circunscripciones insulares con ese objetivo antedicho de evitar distorsiones en el mecanismo de la representación política y se rebajan las barreras electorales a nivel insular y regional que pasan del 30% al 15 % y del 6% al 4% respectivamente.

La redacción de la actual disposición transitoria reguladora del sistema electoral fija en 70 el número de parlamentarios, correspondiendo 61 diputados a las circunscripciones insulares y 9 a la circunscripción regional.

Con este instrumento electoral se concurrió a las elecciones de 26 de mayo de 2015. Es evidente que la propia ubicación sistemática del precepto refleja la vocación de naturaleza transitoria de la norma reguladora del proceso electoral. El legislador autonómico debe asumir la responsabilidad mandatada por la propia disposición que obliga a que en el plazo de 3 años se apruebe una ley electoral en los términos del artículo 39.1 del Estatuto de Autonomía que obtenga el respaldo de 3/5 de la Cámara, que garantice una adecuada representación electoral como fuente de legitimidad democrática que desemboque en una gobernanza eficaz.

10.2.4. Organización y funcionamiento

El artículo 41 E.A.Can. en cuanto a la organización y funcionamiento del Parlamento, como órgano de representación del pueblo canario, establece en su tenor literal:

> *1.El Parlamento, en la primera reunión de cada legislatura, elegirá una Mesa formada por una presidencia, dos vicepresidencias y dos secretarías. El Reglamento del Parlamento regulará tanto el procedimiento para su elección como sus funciones.*
>
> *2. El Parlamento goza de autonomía organizativa, financiera, administrativa y disciplinaria, y fija su propio presupuesto con plena autonomía. Asimismo, elabora y aprueba el estatuto del personal de él dependiente.*
>
> *3. El Parlamento funcionará en pleno y en comisiones.*
>
> *4. El Parlamento elaborará su Reglamento, que deberá ser aprobado por mayoría absoluta de sus miembros. En él se determinará el régimen de sesiones, la formación de grupos parlamentarios y el funcionamiento de la Diputación Permanente, así como cuantas otras cuestiones afecten a los procedimientos legislativos y de control político.*
>
> *5. Los cabildos insulares participarán en el Parlamento a través de la Comisión General de Cabildos Insulares. El Reglamento de la Cámara fijará su composición. Será preceptivo el informe de dicha comisión cuando se tramiten asuntos que afecten a las islas y sus cabildos insulares.*
>
> *6. Los acuerdos en el Parlamento se adoptarán por mayoría simple, a excepción de los casos en que en este Estatuto requiera otras mayorías. No obstante, cuando en el Pleno del Parlamento, al menos los dos tercios de los diputados elegidos en una misma circunscripción insular se opusieran de forma motivada a la adopción de un acuerdo por considerarlo perjudicial para la isla, el asunto se pospondrá a la sesión siguiente plenaria.*
>
> *7. El Parlamento se reunirá en periodos de sesiones comprendidos dentro de las fechas que señale el Reglamento del Parlamento. Fuera de dichos periodos, la Cámara podrá celebrar sesiones extraordinarias, que habrán de ser convocadas por el presidente de ésta, con especificación del orden del día, a petición de la Diputación Permanente, de una cuarta parte de los diputados, de dos grupos parlamentarios y del Gobierno.*

8. El Parlamento fomentará la participación ciudadana, fijando el Reglamento de la Cámara las medidas e instrumentos a este respecto para los distintos ámbitos y órganos de la Cámara.

El Parlamento de Canarias goza de una amplia libertad para definir sus reglas de organización y funcionamiento, con la limitación de que se debía usar para esa tarea la capacidad de autonormación, ejercida a través de la aprobación del Reglamento parlamentario. Ahora bien, el articulado estatutario ha conferido relevancia con diferente alcance normativo a ciertos órganos (Presidencia, Mesa, Secretarías, Diputación Permanente, Pleno y comisiones) y a ciertos sujetos para la acción parlamentaria (diputados y grupos parlamentarios) que no pueden ser excluidos en el momento de definir la estructura y los procedimientos de decisión parlamentaria. La voluntad estatutaria es doble. De un lado, procede con el reconocimiento estatutario a la dignificación de su papel en el desarrollo de la vida de la Cámara. Y, de otro lado, restringe la disponibilidad de la propia Cámara a la hora de ejercer la potestad autonormadora.

Extramuros del Estatuto de Autonomía se recoge en el artículo 37 del Reglamento del Parlamento, como órgano de relevancia parlamentaria la Junta de Portavoces, que se reunirá bajo la Presidencia del Presidente del Parlamento, siendo quien la convoque a iniciativa propia, a petición de dos grupos parlamentarios o de la quinta parte de los miembros de la Cámara.

A diferencia de otras regulaciones estatutarias como la contemplada en el artículo 103 del Estatuto de Autonomía de Andalucía, no se recoge la posibilidad de delegar la aprobación de proyectos y proposiciones de ley en las comisiones por parte del Pleno, con lo que la capacidad decisoria de las comisiones en el iter parlamentario se reduce a las atribuciones conferidas por el Reglamento del Parlamento, que en su artículo 41 establece que las Comisiones conocerán de los proyectos, proposiciones o asuntos que les encomiende, de acuerdo con su respectiva competencia, correspondiéndole la tramitación de los procedimientos, que deberán concluir con carácter general en el plazo de tres meses.

Tampoco se prevé en el artículo el régimen de sesiones que es desarrollado reglamentariamente en base a la potestad autonormativa del Parlamento.

En cuanto a la Diputación Permanente, el artículo 67.1 del Reglamento dispone que la misma estará integrada por un mínimo de once miembros, que representarán a los grupos parlamentarios en proporción a su importancia numérica, correspondiéndole velar por los poderes de la Cámara cuando esta no esté reunida y en los casos de disolución o extinción del mandato del Parlamento.

Cabe destacar de la redacción del artículo la participación atribuida a los Cabidos Insulares a través de la Comisión General de Cabildos Insulares, cuya regulación corresponde al Reglamento del Parlamento, siendo preceptiva su intervención en todas aquellas iniciativas legislativas que puedan afectar a los Cabildos Insulares y a las islas. En virtud de lo dispuesto en el artículo 56 del Reglamento del Parlamento de Canarias tras redacción dada por Resolución de 27 de mayo de 2019, de la Presidencia, por la que se ordena la publicación de la Reforma del Reglamento del Parlamento de Canarias, aprobada en sesión plenaria los días 12 y 13 de marzo de 2019, tanto las personas que ostenten la Presidencia de los cabildos como, al menos, un miembro del Gobierno asistirán, con voz, a las sesiones de la comisión, a cuyo fin serán convocados en la misma forma que los miembros de esta. Asimismo, podrán solicitar que se haga constar en el acta de la sesión su posición sobre los asuntos sometidos a votación.

En cuanto a las Comisiones de Investigación el Estatuto de Autonomía le confiere relevancia estatutaria dedicando expresamente el artículo 42 a su regulación, pudiendo el Parlamento nombrar, en los términos establecidos en el Reglamento de la Cámara, comisiones de investigación sobre cualquier asunto de interés público, no resultando sus conclusiones vinculantes para los tribunales ni afectarán a las resoluciones judiciales, sin perjuicio de que el resultado de la investigación sea comunicado al Ministerio Fiscal para el ejercicio, cuando proceda, de las acciones oportunas.

Las comisiones que se constituyan podrán requerir la presencia ante ellas de cualquier persona para informar, y recabar del Gobierno, de cualquiera de las administraciones públicas y de las instituciones u organismos de ellas dependientes la información y documentación que precisen.

10.2.5. Funciones

Establece en su artículo 43 del Estatuto de Autonomía de Canarias que son funciones del Parlamento:

a) Ejercer la potestad legislativa de la Comunidad Autónoma.

b) Aprobar los presupuestos de la misma.

c) Elegir a la persona titular de la Presidencia de Canarias y controlar políticamente la acción del Gobierno.

d) Designar, para cada legislatura del Parlamento, a los senadores representantes de la Comunidad Autónoma, asegurando, en todo caso, la adecuada representación proporcional.

Los senadores designados por el Parlamento de Canarias podrán comparecer ante el mismo, en la forma que determine el Reglamento, para informar de su actividad en el Senado.

e) Solicitar del Gobierno del Estado la adopción y presentación de proyectos de ley, y presentar directamente proposiciones de ley ante las Cortes Generales, de acuerdo con el artículo 87.2 de la Constitución.

f) Interponer recursos de inconstitucionalidad y personarse ante el Tribunal Constitucional en los supuestos y en los términos previstos en la Constitución y en su ley orgánica.

g) Cualesquiera otras que le asigne la Constitución, el presente Estatuto o las leyes.

La redacción del actual artículo 43 del Estatuto de Autonomía es en lo sustancial prácticamente idéntica a la contenida en el anterior artículo 13 del Estatuto de Autonomía derogado, tras redacción dada por Ley Orgánica 4/1996, de 30 de diciembre. La única diferencia de calado que podríamos advertir es la relativa a la función de designación de los Senadores contemplada en el artículo 69.5 CE. El artículo 69.5 CE establece que estos Senadores de designación autonómica son propuestos y designados por la Comunidad, bien a través de la Asamblea Legislativa o bien a través del órgano colegiado superior de la Comunidad que establezca el Estatuto de Autonomía. La diferencia con respecto a la anterior regulación estatutaria radica en el hecho de que aquellos sobre los que recaiga la designación no deberán ser necesariamente parlamentarios del Parlamento de Canaria, pudiendo ser designados extramuros del órgano parlamentario.

El apartado que abre el art. 43 E.A.Can atribuye la potestad legislativa al Parlamento de Canarias, incluyendo en su seno tanto la legislación que es consecuencia del ejercicio de las competencias constitucionales y estatutarias, como aquellas otras que se derivan de una previa transferencia o delegación ejecutada conforme al art. 150 CE[115] y como veremos en el

115 Morales Arroyo. *Comentarios al Estatuto de Autonomía para Andalucía*. Obra coordinada por Pedro Cruz Villalón/Manuel Medina Guerrero. Parlamento de Andalucía. Ideas más tecnología. 2012. Pág. 1733.

epígrafe siguiente se articula a través de los distintos mecanismos legislativos que el Estatuto de Autonomía establece.

Respecto a la segunda de las funciones encomendadas –aprobación de los presupuestos de la Comunidad Autónoma– se trata de una clásica competencia atribuida al Parlamento, sinónimo de máxima expresión de legitimidad democrática conferida a éste como expresión de la voluntad popular. La atribución está íntimamente ligada al artículo 185 E.A.Can. que encomienda al Parlamento la aprobación y fiscalización de los Presupuestos Generales de la Comunidad Autónoma, así como examinar el uso eficiente de las consignaciones de los presupuestos de las islas destinados a financiar competencias delegadas a las mismas, velando para que se cumpla al respecto el principio de suficiencia financiera.

10.2.6. Potestad legislativa

a) Iniciativa legislativa

El Estatuto de Autonomía de Canarias ha situado al Parlamento de Canarias en el lugar central dentro del sistema institucional autonómico, dado que es el único poder que goza de legitimación democrática directa, al estar integrado por representantes elegidos por sufragio universal y directo, de manera que es el poder autonómico que, en virtud del proceso de representación política, está llamado a manifestar la voluntad del conjunto de la población residente en el territorio del archipiélago. Ello se plasma en cada una de las decisiones que la Cámara adopta, al ser el resultado de un proceso deliberante en el que tienen la posibilidad de intervenir todas las opciones políticas con representación parlamentaria, sean mayoritarias y minoritarias. Ello explica que a él corresponda en exclusiva la función de elaborar y aprobar normas con vocación de generalidad y abstracción (denominadas *leyes*), en el ámbito material de las competencias asumidas por la Comunidad Autónoma de Canarias[116].

Carece el Estatuto de Autonomía de una norma similar a la contenida en el artículo 108 del Estatuto de Autonomía de Andalucía que exige que las *leyes que afectan a la organización territorial, al régimen electoral o a la organización de las instituciones básicas, requerirán el voto favorable de la mayo-*

116 José Ignacio Navarro Méndez. *Cuestiones de Derecho Parlamentario Canario*. Segunda Edición.

ría absoluta del Pleno del Parlamento en una votación final sobre el conjunto del texto, salvo aquellos supuestos para los que el Estatuto exija mayoría cualificada, en una suerte de reproducción de la distinción que a nivel estatal se establece entre las leyes ordinarias y las leyes orgánicas recogidas en el artículo 81 CE que sobre determinadas materias requieren mayoría absoluta en votación final sobre el conjunto del texto. Análoga previsión estatutaria contiene el artículo 62 del Estatuto de Autonomía de Cataluña.

Debemos entender por tanto que las leyes requieren el voto favorable de la mayoría simple al amparo de lo dispuesto en el artículo 41.6 E.A.Can. salvo aquellas que pudieran exigir una mayoría cualificada en base a las previsiones estatutarias.

El artículo 44 del Estatuto de Autonomía de Canarias formula enumera aquellos actores políticos que poseen la titularidad de la iniciativa legislativa en una suerte de desglose escalonado de titularidades compartidas. De conformidad con el precepto la iniciativa legislativa correspondería en primer lugar al Gobierno de Canarias y a los diputados, en los términos que establezca el Reglamento del Parlamento.

Igualmente atribuye le atribuye la titularidad de dicha iniciativa a cada uno de los cabildos insulares, en los términos que establezca el Reglamento del Parlamento, así como a los ayuntamientos canarios, cuando actúen agrupados especialmente con este fin y representando el porcentaje de población y el número de municipios que se determinen en el Reglamento del Parlamento.

Finalmente el artículo 44 hace referencia a la iniciativa legislativa popular, como expresión del derecho de participación reconocido en el artículo 31 del Estatuto de Autonomía, debiendo ser regulado por ley del Parlamento.

El artículo 125 del Reglamento del Parlamento de Canarias es fiel reflejo del artículo 44 comentado del Estatuto de Autonomía.

La principal novedad radica en la incorporación al Estatuto de Autonomía de la iniciativa legislativa atribuida a los Ayuntamientos canarios que en el anterior artículo 12.5 E.A.Can. no se encontraba regulada y que el artículo 21 del Reglamento del Parlamento de Canarias remite a lo que establezca la ley que desarrolle la articulación de la iniciativa legislativa.

En cuanto a los proyectos de ley dimanantes del Gobierno de Canarias, el artículo 122 del Reglamento del Parlamento exige que vayan acompañados de una exposición de motivos y de los antecedentes necesarios para poder pronunciarse sobre ellos, acordando seguidamente la Mesa del Parlamento la publicación del proyecto y abriendo un plazo de presentación de enmiendas a la totalidad a los grupos parlamentarios en un plazo de 15 días desde la publicación.

Las proposiciones de ley del Parlamento podrán ser adoptadas según lo dispuesto en el artículo 139 del Reglamento del Parlamento a iniciativa de:

> *1.° Un diputado o una diputada con la firma de otros cuatro miembros de la Cámara.*
> *2.° Un diputado o una diputada con la firma de quien ostente la portavocía de su grupo.*
> *3.° Al menos, un grupo parlamentario con la sola firma de quien ostente la portavocía.*
> *4.° Todos los grupos parlamentarios, conjuntamente, conforme a lo establecido en la sección II del capítulo III del presente título.*

No obstante respecto a la iniciativa legislativa de desarrollo institucional del título I del Estatuto de Autonomía de Canarias podrá de conformidad a lo dispuesto en el artículo 143 del Reglamento del Parlamento ejercerse conjuntamente por todos los grupos parlamentarios, previo acuerdo de la Mesa del Parlamento y de la Junta de Portavoces, a instancia de una quinta parte de los miembros de la Cámara, pudiendo excepcionalmente dicha iniciativa afectar a otras materias que demanden un amplio acuerdo parlamentario.

En materia legislativa la principal novedad de la nueva norma autonómica radica en la introducción de dos mecanismos legislativos ya contemplados constitucionalmente –decretos leyes y decretos legislativos– y que la mayoría de Comunidades Autónomas habían introducido en sus respectivos ordenamientos jurídicos a través de las reformas estatutarias llevadas a cabo.

b) Decretos legislativos

Establece el artículo 45 E.A.Can.:

> *El Parlamento de Canarias podrá delegar en el Gobierno la potestad de dictar normas con rango de ley, excepto en los siguientes supuestos:*
> *a) Las leyes del presupuesto de la Comunidad Autónoma.*
> *b) Las leyes de instituciones autonómicas o que requieran mayoría cualificada del Parlamento.*
> *2. La delegación legislativa deberá otorgarse mediante una ley de bases, cuando su objeto sea la formación de*

textos articulados, o por una ley ordinaria, cuando se trate de refundir varios textos legales en uno solo.

3. La delegación legislativa habrá de otorgarse al Gobierno de forma expresa para materia concreta y con fijación del plazo para su ejercicio. No podrá hacerse uso de la delegación cuando el Gobierno se encuentre en funciones por disolución del Parlamento.

La delegación se agota por el uso que de ella haga al Gobierno, mediante la publicación de la norma correspondiente, que recibirá el nombre de decreto legislativo. No podrá entenderse concedida de modo implícito o por tiempo indeterminado. Tampoco podrá permitir la subdelegación a autoridades distintas del propio Gobierno.

4. Las leyes de bases delimitarán con precisión el objeto y alcance de la delegación legislativa y los principios y criterios que han de seguirse en su ejercicio, no pudiendo en ningún caso autorizar la modificación de la propia ley de bases, ni facultar para dictar normas con carácter retroactivo.

5. La autorización para refundir textos legales determinará el ámbito normativo a que se refiere el contenido de la delegación, especificando si se circunscribe a la mera formulación de un texto único o si se incluye la de regularizar, aclarar y armonizar los textos legales que han de ser refundidos.

6. El control de la legislación delegada se llevará a cabo en los términos establecidos en el Reglamento del Parlamento de Canarias, sin perjuicio del que le corresponde, según la legislación aplicable, al Tribunal Constitucional y a la jurisdicción de lo contencioso-administrativo. Las leyes de delegación podrán establecer, además, otros mecanismos de control.

El fundamento de este tipo de instrumento legislativo reside el propio texto constitucional, que en su artículo 82 prevé la posibilidad de que el Parlamento delegue la posibilidad de que el Gobierno apruebe normas con fuerza de ley a través de leyes de bases cuando el objeto sea la elaboración de un texto articulado o mediante ley ordinaria cuando se trate de refundición de varias leyes. Dicha previsión constitucional no se extendía a las potestades parlamentarias autonómicas pero tampoco se incorporó ninguna prohibición normativa al respecto de ahí que en base al principio dispositivo que la Constitución configure para que las Comunidades Autónomas se doten de sus propias instituciones y normas de funcionamiento quepa tomar en consideración la incorporación de tales instrumentos normativos al ordenamiento jurídico autonómico. De hecho tal y como recuerda Pilar Herrera

Rodríguez, el contenido del último párrafo del artículo 127 d, de la ley 39/15, de 1 de octubre, del Procedimiento Administrativo Común de las Administraciones Públicas, respecto a los respectivos órganos de gobierno de las Comunidades Autónomas podrán aprobar normas equivalentes a los reales decretos leyes y reales decretos legislativos en su ámbito territorial, de conformidad con lo establecido en la Constitución y en sus respectivos Estatutos de Autonomía, lo que viene a suponer la aceptación por la legislación estatal del fundamento constitucional de las previsiones estatutarias al respecto[117].

En cuanto a las limitaciones materiales de la delegación legislativa se contraen a la imposibilidad de delegar la aprobación de la ley de presupuestos generales de la Comunidad y las que estén encaminadas a desarrollar las instituciones autonómicas o que exigen mayoría cualificada del Parlamento. En el caso de la Constitución, la limitación viene referida de conformidad a lo dispuesto en el artículo 82 a aquellas materias reservadas a ley orgánica contempladas en el artículo 81 del texto constitucional. A diferencia del artículo 109 del Estatuto de Autonomía de Andalucía no se contempla la prohibición de que a través de la delegación legislativa se pueda regular materias relativas al desarrollo de los derechos y deberes regulados en el Estatuto, como por otra parte hace el artículo 46 E.A.Can cuando impone límites materiales al decreto ley, no pudiéndose hacer uso del mismo para regular aquellas materias contempladas en el artículo 45 E.A.Can. ni a la regulación esencial de los derechos contemplados en el Estatuto de Autonomía.

c) Decretos leyes

La potestad gubernamental para dictar normas con rango de ley, más aún cuando se activa sin habilitación parlamentaria, se afronta tradicionalmente como un oxímoron: las disposiciones legislativas poseen un determinado régimen jurídico, porque son producto de un procedimiento desenvuelto en una cámara representativa; la capacidad del Gobierno para incorporar disposiciones legislativas rompe la ecuación y se lleva por delante el concepto clásico de ley (los representantes han de intervenir en las decisiones que afectan a

117 PILAR HERRERA RODRÍGUEZ. *El Estatuto de Autonomía de Canarias*. Thompson Reuters. Pág. 232.

la libertad de los ciudadanos) que tan trabajosamente fue construyéndose a lo largo de la historia constitucional[118].

En opinión de Azpitarte Sánchez, el fundamento estatutario del decreto-ley hemos de hallarlo en el valor que la norma institucional básica da al momento electoral a la hora de configurar el sistema de fuentes. El principio democrático encuentra su centro y punto de partida en las elecciones, que sirven para elegir representantes, pero también, o sobre todo, para conformar la mayoría de gobierno y la oposición. A partir de aquí, el estatuyente distribuye entre los diversos poderes –que tienen la misma legitimidad, de acuerdo con el art. 1.3 Estatuto de Autonomía de Andalucía (en el caso del Estatuto de Canarias sería el artículo 2.2 EA)– potestades normativas diversas. La potestad legislativa íntegra se otorga al Parlamento, porque en él se hace presente la alternancia entre la mayoría de gobierno y la oposición pero al mismo tiempo, dada la conexión entre el Consejo de Gobierno y la mayoría electoral, el Estatuto atribuye directamente al órgano gubernamental la potestad para dictar normas con rango de ley. El Gobierno debe realizar el programa de gobierno, pues así lo ha querido el electorado, y por ello, el Estatuto le otorga instrumentos adecuados, entre ellos la potestad para dictar normas con rango de ley, bajo determinados presupuestos, con ciertos límites materiales y vigencia limitada[119].

En cuanto a la regulación estatutaria el artículo 46 E.A. Can. dispone:

> *1. En caso de extraordinaria y urgente necesidad, el Gobierno podrá dictar normas con rango de ley, que recibirán el nombre de decretos-leyes.*
>
> *2. Dichas normas, que tendrán carácter provisional, no podrán afectar a los supuestos excluidos en el artículo anterior ni a la regulación esencial de los derechos establecidos en este Estatuto.*
>
> *3. Los decretos-leyes deberán convalidarse por el Parlamento de Canarias en el plazo de treinta días naturales contados a partir de la fecha de su publicación, debién-*

118 Azpitarte Sánchez. *Comentarios al Estatuto de Autonomía para Andalucía*. Obra coordinada por Pedro Cruz Villalón/ Manuel Medina Guerrero. Parlamento de Andalucía. Ideas más tecnología. 2012. Pág. 1733.

119 Azpitarte Sánchez. *Comentarios al Estatuto de Autonomía para Andalucía*. Obra coordinada por Pedro Cruz Villalón/ Manuel Medina Guerrero. Parlamento de Andalucía. Ideas más tecnología. 2012. Pág. 1734.

dose convocar la Diputación Permanente si el Parlamento no estuviera constituido. El Parlamento habrá de pronunciarse expresamente dentro de dicho plazo sobre su convalidación o derogación.

4. Durante el plazo establecido en el apartado anterior, se podrán tramitar como proyectos de ley por el procedimiento de urgencia.

Como afirma Herrera Rodríguez, la existencia y justificación de la extraordinaria y urgente necesidad, que habilita al gobierno para dictar un decreto ley, es uno de los extremos, del régimen jurídico de los decretos leyes, que más ha sido analizado por el Tribunal Constitucional, y debatido y criticado por los autores que han reflexionado en torno a la potestad de los gobiernos para dictar disposiciones normativas con fuerza de ley[120].

El Tribunal Constitucional ha elaborado una densa doctrina que se resume en la sentencia 139/2016, de 21 de julio que resolvía recurso de inconstitucionalidad interpuesto por el Parlamento de Navarra contra los arts. 1.1 y, por conexión, 1.2; 2.2, 3 y 5; 4.12, 13 y 14 y disposiciones adicional tercera y transitoria primera del Real Decreto-ley 16/2012, de 20 de abril, de medidas urgentes para garantizar la sostenibilidad del Sistema Nacional de Salud y mejorar la calidad y seguridad de sus prestaciones.

En dicha sentencia se recogen las siguientes consideraciones:

1º) El concepto de extraordinaria y urgente necesidad que se contiene en la Constitución no es, en modo alguno, "una cláusula o expresión vacía de significado dentro de la cual el lógico margen de apreciación política del Gobierno se mueva libremente sin restricción alguna, sino, por el contrario, la constatación de un límite jurídico a la actuación mediante decretos-leyes", razón por la cual, este Tribunal puede, "en supuestos de uso abusivo o arbitrario, rechazar la definición que los órganos políticos hagan de una situación determinada" (SSTC 100/2012, de 8 de mayo, FJ 8; 237/2012, de 13 de diciembre, FJ 4, y 39/2013, de 14 de febrero, FJ 5).

2º) La apreciación de la concurrencia de la extraordinaria y urgente necesidad constituye un juicio político que corresponde efectuar al Gobierno (titular constitucional de la potestad legislativa de urgencia) y al Congreso (titular de la potestad de convalidar, derogar o tramitar el tex-

120 Pilar Herrera Rodríguez. *El Estatuto de Autonomía de Canarias.* Thompson Reuters. Pág. 239.

to como proyecto de ley). El Tribunal controla que ese juicio político no desborde los límites de lo manifiestamente razonable, pero "el control jurídico de este requisito no debe suplantar a los órganos constitucionales que intervienen en la aprobación y convalidación de los Reales Decretos-Leyes" (SSTC 332/2005, de 15 de diciembre, FJ 5, y 1/2012, de 13 de enero, FJ 6), por lo que la fiscalización de este Órgano constitucional es "un control externo, en el sentido de que debe verificar, pero no sustituir, el juicio político o de oportunidad que corresponde al Gobierno" (STC 182/1997, de 28 de octubre, FJ 3).

3º) Este Tribunal efectúa un control jurisdiccional ex post, y tiene por misión velar por que el Gobierno no se haya apartado del margen de apreciación concedido por la Norma, esto es, que aquél se mantenga dentro del concepto jurídicamente asequible que es la situación de "extraordinaria y urgente necesidad". Se trata, en definitiva, de un "control externo, en el sentido de que debe verificar, pero no sustituir, el juicio político o de oportunidad que corresponde al Gobierno" (STC 142/2014, de 11 de septiembre, FJ 3, y las que allí se citan).

4º) La adecuada fiscalización del recurso al decreto-ley requiere, por consiguiente, que la definición por los órganos políticos de una situación "de extraordinaria y urgente necesidad" sea "explícita y razonada", del mismo modo que corresponde a este Tribunal constatar la existencia de "una conexión de sentido o relación de adecuación entre la situación definida que constituye el presupuesto habilitante y las medidas que en el decreto-ley se adoptan" (así, desde un principio, STC 29/1982, de 31 de mayo, FJ 3; hasta las más recientes SSTC 96/2014, de 12 de junio, FJ 5, y 183/2014, de 6 de noviembre, FJ 4).

5º) En cuanto a la definición de la situación de urgencia, nuestra doctrina ha precisado que no es necesario que tal definición expresa de la extraordinaria y urgente necesidad haya de contenerse siempre en el propio Real Decreto-ley, sino que tal presupuesto cabe deducirlo igualmente de una pluralidad de elementos. A este respecto, conviene recordar que el examen de la concurrencia del citado presupuesto habilitante de la "extraordinaria y urgente necesidad" siempre se ha de llevar a cabo mediante la valoración conjunta de todos aquellos factores que determinaron al Gobierno a dictar la disposición legal excepcional y que son, básicamente, los que quedan reflejados en la exposición de motivos de la norma, a lo largo del debate parlamentario de convalidación, y en el propio expediente de elaboración de la misma (SSTC 29/1982, de 31 de mayo, FJ 4; 182/1997, de 28 de octubre, FJ 4; 11/2002, de 17 de enero, FJ 4, y 137/2003, de 3 de julio, FJ 3).

> *6º) En cuanto a la segunda dimensión del presupuesto habilitante de la legislación de urgencia –conexión de sentido entre la situación de necesidad definida y las medidas que en el real decreto-ley se adoptan–, nuestra doctrina ha establecido un doble criterio o perspectiva para valorar su existencia: el contenido, por un lado, y la estructura, por otro, de las disposiciones incluidas en el real decreto-ley controvertido. Así, ya en la STC 29/1982, de 31 de mayo, FJ 3, excluimos a este respecto aquellas disposiciones "que, por su contenido y de manera evidente, no guarden relación alguna, directa ni indirecta, con la situación que se trata de afrontar ni, muy especialmente, aquéllas que, por su estructura misma, independientemente de su contenido, no modifican de manera instantánea la situación jurídica existente" (STC 29/2016, de 18 de febrero, FJ 2, con cita de otras)*
>
> *7º) Generalmente, este Tribunal ha venido admitiendo el uso del decreto-ley en situaciones que hemos denominado como "coyunturas económicas problemáticas", para cuyo tratamiento representa un instrumento constitucionalmente lícito, en tanto que pertinente y adecuado para la consecución del fin que justifica la legislación de urgencia, que no es otro que subvenir a "situaciones concretas de los objetivos gubernamentales que por razones difíciles de prever requieran una acción normativa inmediata en un plazo más breve que el requerido por la vía normal o por el procedimiento de urgencia para la tramitación parlamentaria de las leyes." (SSTC 31/2011, de 17 de marzo, FJ 4; 137/2011, de 14 de septiembre, FJ 6, y 100/2012, de 8 de mayo, FJ 8)*[121].

Por tanto, de la lectura de dicha doctrina constitucional podemos deducir que el Tribunal Constitucional ha sido generoso en la interpretación del concepto *"extraordinaria y urgente necesidad"*, lo que ha permitido al Gobierno de turno acudir recurrentemente a la figura del decreto ley como instrumento de acción política y consecuentemente innovación normativa.

En cuanto al control parlamentario de los decretos leyes se produce mediante el trámite de convalidación. El procedimiento parlamentario para la convalidación se recoge en el artículo 135 bis del Reglamento de la Cámara, conforme al cual una vez remitido por el Gobierno, con los antecedentes necesarios y admitido a trámite por la Mesa, la Presidencia del Parlamento solicita dictamen al Consejo Consultivo y a la Comisión General de cabildos Insulares en su caso.

121 STC 139/2016.

En cuanto a los límites materiales como ya vimos anteriormente además de no poder regular materias relativas a la aprobación de los presupuestos generales de la Comunidad Autónoma, aquellas que desarrollen la regulación de las instituciones de la Comunidad Autónoma o requieran mayorías cualificadas, se suma la imposibilidad de regular materias que afecten al contenido esencial de los derechos estatutarios.

d) Promulgación y publicación

El artículo 47 E.A.Can. establece que las leyes del Parlamento de Canarias y demás normas con fuerza de ley serán promulgadas en nombre del Rey por el Presidente o Presidenta de la Comunidad Autónoma y publicadas en el «Boletín Oficial de Canarias» en el plazo de 15 días desde su aprobación y en el «Boletín Oficial del Estado». A efectos de su entrada en vigor, regirá la fecha de su publicación en el «Boletín Oficial de Canarias».

El apartado segundo del precepto contiene la previsión de control de constitucionalidad sobre la actividad legislativa que emane del Parlamento de Canarias así como respecto a las demás normas con fuerza de ley, correspondiendo dicho control al Tribunal Constitucional.

La principal novedad radica el lenguaje inclusivo que se contiene en la redacción del precepto a hacer referencia a la doble posibilidad de Presidente o Presidenta, que conecta con la rúbrica del capítulo III del Título II que lleva por nombre Presidencia del Gobierno de Canarias.

10.3. Presidencia del Gobierno de Canarias

a) Proceso de nombramiento

En conexión con el artículo 47 E.A.Can., la primera innovación normativa que encontramos en la nueva redacción de la norma es la constatación de un lenguaje inclusivo, haciendo referencia a titular de la presidencia en lugar de la figura del Presidente.

En cuanto al proceso de nombramiento y designación de quien ostente la titularidad del órgano el artículo 48 E.A.Can. establece:

> *1. El Parlamento elegirá de entre sus miembros a la persona titular de la Presidencia.*

> *2. La Presidencia del Parlamento, previa consulta con las fuerzas políticas representadas en el mismo, y oída la Mesa, propondrá una candidatura a la Presidencia de Canarias.*
>
> *3. La persona propuesta presentará su programa de gobierno al Parlamento. Para ser elegida, deberá obtener en primera votación mayoría absoluta; de no obtenerla, se procederá a una nueva votación pasadas 48 horas, y la confianza se entenderá otorgada si obtuviera mayoría simple.*
>
> *4. Caso de no conseguirse dicha mayoría, se tramitarán sucesivas propuestas en la forma prevista anteriormente. Si transcurrido el plazo de dos meses, a partir de la primera votación de investidura, ninguna candidatura hubiera obtenido la confianza del Parlamento, éste quedará automáticamente disuelto, procediéndose a la convocatoria de nuevas elecciones para el mismo.*
>
> *5. Una vez elegida, la persona titular de la Presidencia será nombrada por el Rey.*

El modo en que ha de producirse la elección de la presidencia viene determinado por el sistema parlamentario que nuestra Constitución ha previsto para las comunidades autónomas del art. 151. El presidente del Gobierno es elegido por el Parlamento de entre sus miembros. El resto de comunidades históricas se habían pronunciado en idénticos términos en sus normas estatutarias. Paradójicamente, el margen de configuración de las comunidades autónomas que se constituyeron por la vía del art. 143 CE resultaría a la postre mayor, al no contar con este condicionante (Ruizrico Ruiz, G., 1997, pág. 527); sin embargo, finalmente, todas se decantaron por el régimen parlamentario con idéntica previsión en sus Estatutos[122]. En definitiva, el marco elegido por el Estatuto de Autonomía y por la totalidad de Estatutos de Autonomía es el propio del sistema parlamentario donde el Parlamento, máximo exponente de la configuración de la voluntad popular, procede a designar al titular de la Presidencia del Gobierno. Como reflexiona Ruiz Rico, efectivamente las distintas Comunidades Autónomas que accedieron a la autonomía por la vía contemplada en el artículo 143 CE no se encontraban constreñidas por los parámetros del artículo 151 CE, que dibujaba apriorísticamente las instituciones autonómicas de cada una de las nacionalidades históricas. Por tanto, podrían haber acordado establecer un sistema de

---

122 Holgado González. *Comentarios al Estatuto de Autonomía para Andalucía*. Obra coordinada por Pedro Cruz Villalón/ Manuel Medina Guerrero. Parlamento de Andalucía. Ideas más tecnología. 2012. Pág. 1903.

designación de la Presidencia distinta, más propio incluso de sistemas presidencialistas y podría haberse defendido la constitucionalidad de dicho proceso de designación por la ausencia antedicha de encorsetamiento constitucional.

En cuanto al proceso de nombramiento, es similar al establecido por el artículo 99 CE, exigiéndose mayoría absoluta en primera votación y mayoría simple en segunda instancia, una vez transcurridos al menos 48 horas desde la primera de las votaciones. Característica del proceso de designación es que el nombramiento debe recaer en representante del parlamento a diferencia de lo establecido en el artículo 99 CE, en que la titularidad de la Presidencia del Gobierno de la Nación puede recaer en persona ajena a la condición de representante del Congreso de los Diputados. Dicha cuestión no obedece necesariamente al mandato constitucional contemplado en el artículo 152 CE, que establece que el Parlamento debe elegir al Presidente del Gobierno entre sus miembros, por cuanto dicho artículo resulta aplicable para aquellas Comunidades Autónomas que accedieron a la autonomía por la vía del artículo 151 CE –nacionalidades históricas y Andalucía– pero no para aquellas como la Comunidad Autónoma de Canarias que sin embargo accedió como el resto de entes autonómicos por la vía del artículo 143, de ahí que este autor considere que no existe obstáculo constitucional para que la figura de la Presidencia del Gobierno de Canarias pudiera recaer en persona ajena al Parlamento de Canarias si así el legislador estatutario lo quisiere.

Algunas Comunidades Autónomas adoptaron o mantienen un singular mecanismo de investidura consistente en designar presidente al candidato del partido que hubiera obtenido un mayor número de escaños. Del resto de comunidades autónomas, sólo otras dos junto a Andalucía en su redacción originaria, Castilla-La Mancha (art. 14.5 EACM) y Navarra (art. 29.3 LORAFNA), articulaban un sistema de designación automática, si bien por Ley Orgánica 7/2010 de reforma del Estatuto Navarra asumió la disolución anticipada en el supuesto de que en el plazo de tres meses desde la primera votación no se hubiere alcanzado mayoría. La mayoría de la doctrina había advertido acerca de la posible inconstitucionalidad de esta solución (PÉREZ ROYO, J., 1986, págs. 16-18, y BALAGUER CALLEJÓN, M. L., 1989, pág. 275), por considerar que se compadecía mal con el principio recogido en el art. 152 CE, al permitir que pudiera convertirse en presidente un candidato que la Cámara hubiese expresamente rechazado, quebrando así la legitimidad democrática del Estado. Por ello, desde que se planteó la posibilidad de reformar el Estatuto, se venía reclamando su eliminación (RUIZ-RICO RUIZ, G., 2003, págs. 31-38, BALAGUER CALLEJÓN, F., 2005, pág. 143, y LÓPEZ ULLA, J. M., 2008, pág. 130). Sin embargo, el Tribunal Constitucional descartó su inconstitucionalidad (al pronunciarse sobre el caso de Navarra, haciéndolo extensivo a Andalucía y Castilla-La Mancha), siempre que tal previsión sólo entrase en juego cuando previamente se hubieran agotado todas las posibilidades que la ley ofrece para que la Asamblea manifieste su voluntad. Estimó el Constitucional que este procedimiento subsidiario para la designación del presidente era coherente con el principio de racionalización de la forma parlamentaria de gobierno, que persigue, entre otros objetivos, el de impedir las crisis gubernamentales prolongadas. Las dos opciones, disolución e investidura automática, serían, por consiguiente, perfectamente compatibles con la Constitución (SSTC 16/1984, FF.JJ. 6.°, 7.° y 8.°, y 15/2000, FJ 6.°[123].

Por tanto nada obstaría para que se pudiera prever la posibilidad de designación automática de la titularidad de Presidencia del Gobierno de quien ostente la candidatura del partido que hubiere obtenido mayor porcentaje de voto popular en las elecciones autonómicas.

b) Funciones y estatuto personal

En cuanto al estatuto personal y principales funciones de la Presidencia del Gobierno el artículo 49 E.A.Can. establece:

> *1. La Presidencia designa y separa libremente a la persona titular de la Vicepresidencia y a los restantes miembros del Gobierno, dirige y coordina su actuación y, como titular de la Presidencia de la Comunidad Autónoma de Canarias, ostenta la más alta representación de Canarias y la ordinaria del Estado en la Comunidad Autónoma.*
>
> *2. La Presidencia podrá delegar temporalmente funciones ejecutivas propias en la persona titular de la Vicepresidencia y en los demás miembros del Gobierno.*
>
> *3. La persona titular de la Presidencia es responsable políticamente ante el Parlamento.*
>
> *4. La Presidencia podrá proponer por iniciativa propia o a solicitud de la ciudadanía, de conformidad con las leyes,*

123 HOLGADO GONZÁLEZ. *Comentarios al Estatuto de Autonomía para Andalucía*. Obra coordinada por PEDRO CRUZ VILLALÓN/ MANUEL MEDINA GUERRERO. Parlamento de Andalucía. Ideas más tecnología. 2012. Pág. 1908.

la celebración de consultas populares en el ámbito de la Comunidad Autónoma de Canarias, sobre cuestiones de interés general en materias autonómicas o locales.

5. La persona titular de la Vicepresidencia, que habrá de ser miembro del Parlamento de Canarias, sustituye a la persona titular de la Presidencia en caso de vacancia y ausencia o enfermedad de su titular.

Según el esquema de organización institucional diseñado por el Estatuto, reflejo del modelo de la Constitución y del propio de una forma de gobierno parlamentaria, el Presidente del Gobierno mantiene una posición hegemónica frente al resto de miembros de su gabinete[124]. Tal situación preeminente se desprende, con notoria claridad, de actos tales como la definición de su programa de gobierno en el procedimiento de investidura, la facultad de nombramiento y cese de los restantes miembros del Ejecutivo, así como las funciones representativas del Estado y de la propia Comunidad Autónoma[125].

La función de representación que se desprende del artículo supone, por tanto, que quien ostente la titularidad de la Presidencia del Gobierno de Canarias se configure como personificación de la organización jurídico-política de la Comunidad, así como de la unidad y continuidad de la institución de autogobierno, participa, por ello, como representante jurídico supremo en aquellas relaciones jurídicas en las que la Comunidad Autónoma interviene como un todo unitario, así como en aquellos actos no jurídicos de carácter simbólico y protocolario, en su condición de máximo representante de la Comunidad Autónoma en el orden politico[126].

La primera atribución que el artículo 152 CE reconoce al Presidente está la de ser el máximo representante de su Comunidad Autónoma. Por tanto, cuando representa a la Comunidad Autónoma en él queda personificada toda la organización jurídico-política de la Comunidad desde un punto de vista meramente formal, de este modo, los actos que realice el Presidente como titular de esta función no implican propiamente la adopción de decisión política personal alguna (Viver

124 Bosch Benitez, Oscar, Comentario al artículo 14, en *Comentarios del estatuto de Autonomía de Canarias*, Instituto Canario de Administración Pública, Las Palmas de Gran Canaria, 1996. Pág. 144.

125 Manrique de Lara Morales. *El Estatuto de Autonomía de Canarias*. Thompson Reuters. Pág. 258.

126 Manrique de Lara Morales. *El Estatuto de Autonomía de Canarias*. Thompson Reuters. Pág. 261.

Pi-Sunyer, C.), esto es, el Presidente es el titular legal de la Comunidad Autónoma en su conjunto, y de su más alta expresión formal tanto hacia el interior de la región como en su proyección externa (Funes Martínez). Y en ese ámbito debemos puntualizar que la función representativa del Presidente no supone, en ningún caso, la identificación o representación del pueblo de la Comunidad Autónoma[127].

Ello es coherente con la redacción del artículo 7 de la Ley 1/1983, de 14 de abril del Gobierno de Canarias que atribuye a la Presidencia del Gobierno de Canarias en su condición de alto representante de la Comunidad Autónoma la función de mantener las relaciones con las otras instituciones del Estado y sus Administraciones, sin perjuicio de las facultades atribuidas al respecto a los Consejeros, firmar los convenios y acuerdos de cooperación con otras Comunidades Autónomas y nombrar los altos cargos de la Comunidad Autónoma que las Leyes determinen.

De igual forma el artículo 49 E.A.Can. atribuye a la Presidencia del Gobierno la titularidad de la representación ordinaria del Estado en la Comunidad Autónoma de conformidad al propio mandato del artículo 152 CE que atribuye la representación ordinaria del Estado al Presidente de la Comunidad Autónoma, y ello porque en un Estado de naturaleza compuesta como es el nuestro la integración de la entidad regional –en este caso la Comunidad Autónoma– dentro de la arquitectura del Estado hace que la primera autoridad de la misma asuma la representación ordinaria estatal dentro del territorio autonómico, al margen de las funciones que el Delegado del Gobierno del Estado pueda ostentar como titular de la organización periférica estatal de la Administración General del Estado pueda dentro del mismo territorio, tal y como establece el artículo 72 de la Ley 40/2015, de 1 de octubre, de Régimen Jurídico del Sector Público Estatal que atribuyen a los Delegados del Gobierno la representación del Gobierno de la Nación en el territorio de la respectiva Comunidad Autónoma, sin perjuicio de la representación ordinaria del Estado en las mismas a través de sus respectivos Presidentes.

En cuanto a la responsabilidad política de la persona titular de la Presidencia del Gobierno de Canarias es reflejo directo

---

127 Rosa Lapuente Aragó. Miriam Albertos Carazo. *Estudios sobre la Constitución Española*. Homenaje al professor Jordi Solé Tura. Pág. 1687.

de la responsabilidad política contemplada en el artículo 152 CE y resulta novedosa por cuanto el artículo 19.1 únicamente contemplaba la responsabilidad política solidaria del Gobierno respecto de su gestión política ante el Gobierno y en el Estatuto de Autonomía se desenvuelve fundamentalmente en los artículos 54 y 55 que regulan la cuestión de confianza que ha de plantear la propia Presidencia del Gobierno, previa deliberación del Consejo de Gobierno y la moción de censura, más allá de la función de control político que se desenvuelve en el Parlamento de Canarias a través de un conjunto diverso de instrumentos parlamentarios.

En cuanto a la posibilidad contemplada en el Estatuto de proponer *por iniciativa propia o a solicitud de la ciudadanía, de conformidad con las leyes, la celebración de consultas populares en el ámbito de la Comunidad Autónoma de Canarias, sobre cuestiones de interés general en materias autonómicas o locales el artículo 20 de la Ley 5/2010*, de 21 de junio, canaria de fomento a la participación ciudadana ya establecía que el Gobierno podría, a instancias del presidente, recabar la opinión de la ciudadanía sobre asuntos de interés general de competencia autonómica, mediante sondeos, encuestas o cualquier otro instrumento de participación ciudadana.

Ya la STC 103/2008 distinguió entre las consultas populares cuya convocatoria podrían asumir las comunidades autónomas entre sus competencias, y aquellas consultas populares que, por tener lugar por vía de referéndum, precisarían de autorización estatal. O lo que es lo mismo, entre cualquier género de consultas populares y las consultas populares referendarias[128]. En tal sentido, el Tribunal Constitucional ha definido el referéndum como una especie del género consulta popular cuyo objeto se refiere estrictamente al parecer del cuerpo electoral, conformado y exteriorizado a través de un procedimiento electoral, esto es, basado en el censo, gestionado por la Administración electoral y asegurado con garantías jurisdiccionales específicas, siempre en relación con los asuntos públicos cuya gestión, directa o indirecta, mediante el ejercicio del poder político por parte de los ciudadanos constituye el objeto del derecho fundamental reconocido por la Constitución en el art. 23 (STC 103/2008, FJ 2.º).

---

128 Holgado González. *Comentarios al Estatuto de Autonomía para Andalucía*. Obra coordinada por Pedro Cruz Villalón/ Manuel Medina Guerrero. Parlamento de Andalucía. Ideas más tecnología. 2012. Pág. 1895

A la luz de esta doctrina, consultas referendarias serían las dirigidas al cuerpo electoral a través de un procedimiento electoral con sus correspondientes garantías, con independencia de su carácter vinculante o no (STC 103/2008, FJ 3.º), mientras que el resto de consultas populares se dirigen a cualquier colectivo sobre cualesquiera asuntos de interés público y a través de cualesquiera procedimientos.

Asimismo, el Tribunal Constitucional dejaría muy claros los límites que tanto unas consultas populares como otras habrían de respetar, y que vienen a consistir en la no afectación al «fundamento del orden constitucional vigente». En efecto, los proyectos de revisión del orden constitucional han de sustanciarse «abierta y directamente por la vía que la Constitución ha previsto para esos fines», lo que es lo mismo que decir que el reconocimiento a un pretendido derecho a la autodeterminación sólo es posible por el procedimiento del art. 168 CE (STC 103/2008, FJ 4.º).

> *En la STC 31/2015 este Tribunal ya afirmó que la previsión por el constituyente de unos concretos supuestos de referéndum "no agota el elenco de referendos admisibles en nuestro ordenamiento" (FJ 5), de modo que en principio el legislador puede articular -aunque, hay que añadir ahora, no sin límites- otras figuras de consulta referendaria. Pero tal relativa apertura de la Constitución en este extremo queda confiada al legislador orgánico al que llaman los artículos 81.1 y 92.3 CE, pues no parece discutible —atendida la excepcionalidad del referéndum en nuestro sistema representativo (STC 103/2008, FJ 2)— que forma parte del "desarrollo" del derecho de participación directa en los asuntos públicos mediante referéndum (art. 23.1 CE) la creación legislativa, si a ello hubiere lugar, de nuevas figuras del mismo. En efecto, mediante la previsión de modalidades añadidas a las ya previstas en la Constitución se determinaría el ámbito del derecho y se limitaría, o condicionaría al menos, inseparablemente, el espacio institucional que es propio a una democracia representativa que constituye, vale repetir, la forma mediante la que se encauza en nuestro Derecho, de modo ordinario, la participación política de la ciudadanía.*
>
> *Con ocasión de la interposición de recurso de inconstitucionalidad interpuesto por el Presidente del Gobierno contra los artículos 1 a 30 y 43 y 45 de la Ley del Parlamento de Cataluña 4/2010, de 17 de marzo, de consultas populares por vía de referéndum, la jurisprudencia constitucional a través de la Sentencia 51/2017, de 10 de mayo se ha desenvuelto en los siguientes términos:*

En la STC 31/2015 este Tribunal ya afirmó que la previsión por el constituyente de unos concretos supuestos de referéndum "no agota el elenco de referendos admisibles en nuestro ordenamiento" (FJ 5), de modo que en principio el legislador puede articular –aunque, hay que añadir ahora, no sin límites– otras figuras de consulta referendaria. Pero tal relativa apertura de la Constitución en este extremo queda confiada al legislador orgánico al que llaman los artículos 81.1 y 92.3 CE, pues no parece discutible —atendida la excepcionalidad del referéndum en nuestro sistema representativo (STC 103/2008, FJ 2)— que forma parte del "desarrollo" del derecho de participación directa en los asuntos públicos mediante referéndum (art. 23.1 CE) la creación legislativa, si a ello hubiere lugar, de nuevas figuras del mismo. En efecto, mediante la previsión de modalidades añadidas a las ya previstas en la Constitución se determinaría el ámbito del derecho y se limitaría, o condicionaría al menos, inseparablemente, el espacio institucional que es propio a una democracia representativa que constituye, vale repetir, la forma mediante la que se encauza en nuestro Derecho, de modo ordinario, la participación política de la ciudadanía.

Es a la ley orgánica a la que remite el artículo 92.3 CE, por tanto, a la que correspondería, en su caso, la previsión, genérica o en abstracto, de consultas referendarias distintas a las contempladas de modo expreso en la norma fundamental, consultas cuya regulación constituye contenido necesario, pero no exclusivo, de dicha ley orgánica. Así hizo el legislador para los referendos municipales (disposición adicional de la Ley Orgánica 2/1980) y así habría de hacerse, también, si se pretendiera introducir en el ordenamiento, en lo que aquí importa, algún tipo de referéndum de ámbito autonómico, incorporación que, como hemos apuntado, no podría llevarse a cabo, en todo caso, sin respetar determinados límites que provienen directamente de la Constitución.

d) Finalmente, debe reiterarse que, en todo caso, el objeto de la consulta popular autonómica, ya sea referendaria o no, no puede desbordar el ámbito material de las competencias autonómicas, pues, como ha reiterado este Tribunal, en términos similares a los de otros tribunales de nuestro entorno, no pueden someterse a consulta popular autonómica cuestiones que pertenecen al ámbito competencial privativo del Estado ni cuestiones fundamentales que fueron resueltas en el proceso constituyente y que están sustraídas a la decisión de los poderes constituidos [SSTC 103/2008, FJ 4; 31/2010, FJ 69; 31/2015, FJ 6 B); 137/2015, FJ 4; y 138/2015, de 11 de junio, FJ 3].

Tal y como afirma Manrique de Lara, en el ámbito de nuestro entorno estatutario, encontramos una regulación singular de las consultas populares en el Decreto 95/2014, de 25 de septiembre, por el que se aprueba el Reglamento de las consultas a la ciudadanía en asuntos de interés general de competencia de la Comunidad Autónoma de Canarias que en su artículo 4 precisa el modo en que han de llevarse a cabo tales consultas, indicando al efecto, que sin, sin perjuicio de la utilización de cualquier instrumentos de participación ciudadana, las consultas deberán llevarse a efecto mediante sondeos, encuestas y preguntas directas, si bien la Sentencia del Tribunal Constitucional 137/2015, de 11 de junio declaró la inconstitucionalidad de la regulación normativa relativa a las preguntas directas así como del procedimiento para llevarlas a cabo[129].

Se pronuncia la sentencia en los siguientes términos:

> *Atendido cuanto antecede, no resulta dudoso que las normas relativas a las consultas mediante "preguntas directas" del capítulo III del Reglamento permitirían convocar inequívocas consultas populares de carácter referendario. Consultas que podrían dirigirse a un cuerpo electoral que —aunque acaso sui generis, según dispusiera el Decreto de convocatoria— comprendería o podría comprender, a voluntad del convocante, el conjunto de los electores ya de la Comunidad Autónoma, ya de cualquiera de las islas, ya, en fin, de uno u otro municipio canario. Serían, junto a ello, consultas articuladas para la emisión del voto ciudadano sobre cuestiones de "interés general" [art. 14.2 b)]. Y estarían ordenadas, en fin, mediante un procedimiento y unas garantías que procuran, con mayor o menor rigor, asegurar que el sufragio se emita con libertad y con preservación de su secreto y que su escrutinio ("recuento") refleje de modo fidedigno la voluntad general (el "parecer") del electorado. En nada obsta a tal inequívoca caracterización que la denominación de estas consultas no sea la de "referéndum" o que esta ordenación reglamentaria se separe, manifiestamente, de la regulación establecida al efecto en la Ley Orgánica del régimen electoral general que es la llamada al efecto por la Ley Orgánica 2/1980 (art. 11.1). Menos relevante sería el que la ya citada Ley 5/2010, del Parlamento de Canarias, cuyo artículo 20 se dice desarrollado por el Decreto 95/2014, parezca excluir del ámbito de su regulación, en su disposición adicional quinta, la institu-*

129 Manrique de Lara Morales. *El Estatuto de Autonomía de Canarias*. Thompson Reuters. Pág. 266.

ción del referéndum. En el capítulo III del Reglamento se permite realizar y se regula una consulta popular de carácter sin duda referendario y por ello, de naturaleza enteramente diversa a la de las consultas mediante "sondeos y encuestas de opinión" que el mismo Reglamento prevé en su capítulo II, consultas con las que la representación demandada parece busca emparentar las ahora enjuiciadas, al decir de estas últimas que con ellas se persigue, como en aquéllas, "conocer cuál es la opinión pública". Pero el llamamiento del pueblo a las urnas por el poder político y la consiguiente manifestación de la voluntad, vinculante o no, de la ciudadanía supone siempre, so pena de incurrir en grave confusión de conceptos, algo más que un mero instrumento de información al servicio de aquel poder.

Para estimar el recurso de inconstitucionalidad utilice el Tribunal Constitucional parámetros tanto constitucionales como estatutarios por cuanto advierte que el modelo de consulta refrendaria que establece el Reglamento para articular preguntas directas a la ciudadanía también contraviene el anterior Estatuto de Autonomía en su artículo 14 que subordinaba las consultas populares de naturaleza autonómica al acomodo a las previsiones constitucionales, desbordando por tanto la norma de desarrollo de la Ley 5/2010 del Parlamento de Canarias los propios límites estatutarios.

Por tanto, coincidimos con la opinión expuesta por Manrique de Lara al considerar que los instrumentos autonómicos para llevar a cabo consultas ciudadanas han quedado circunscritos en el ámbito autonómico a sondeos y encuestas para recabar la opinión de la ciudadanía acerca de las políticas públicas de carácter general que pretenda llevar a cabo la Comunidad Autónoma en el ámbito de sus competencias[130].

Finalmente, como ya vimos en el caso de los parlamentarios resulta destacable de la nueva redacción del Estatuto de Autonomía es la supresión del aforamiento respecto a la persona titular de la Presidencia del Gobierno (regla de atribución de competencia jurisdiccional para la investigación, encausamiento y enjuiciamiento de los presuntos delitos eventualmente imputados al titular del mandato, habitualmente variable: Tribunal Superior de Justicia de la Comunidad Autónoma para el caso de delitos cometidos en territorio autonómico y Tribunal Supremo para casos extraterritoriales.

130 MANRIQUE DE LARA MORALES. *El Estatuto de Autonomía de Canarias*. Thompson Reuters. Pág. 266.

10.4. El Gobierno de Canarias

a) Funciones

Establece el artículo 50 E.A.Can.:

> *Corresponde al Gobierno de Canarias:*
>
> *1. La dirección política de la Comunidad Autónoma de Canarias y de su Administración.*
>
> *2. Las funciones ejecutivas y administrativas, de conformidad con lo que establecen el presente Estatuto y las leyes.*
>
> *3. La potestad reglamentaria.*
>
> *4. La planificación de la política económica de la Comunidad Autónoma de Canarias y su coordinación con las políticas insulares, teniendo en cuenta las necesidades de cada isla y el interés general.*
>
> *5. La interposición de recursos de inconstitucionalidad y cuantas facultades le atribuya la Ley Orgánica del Tribunal Constitucional.*
>
> *6. Cualquier otra potestad o facultad que le confieran este Estatuto o las leyes.*

De acuerdo con el art. 50 E.A.Can, el Consejo de Gobierno «ejerce la dirección política de la Comunidad Autónoma». Parece deducirse que la función de dirección política se atribuye al órgano colegiado, sobre todo si se compara con el enunciado del art. 49 del Estatuto –referido a las funciones del presidente de la Comunidad Autónoma–, según el cual éste sólo «dirige y coordina la actividad del Consejo de Gobierno». Esta interpretación, sin embargo, entraría en contradicción con la preeminente posición institucional alcanzada por la Presidencia de los ejecutivos, tanto autonómicos como nacionales, en la mayoría de sistemas parlamentarios contemporáneos.

Y efectivamente tal y como afirma Holgado González en su comentario al artículo 119 del Estatuto de Andalucía que se desenvuelve en idénticos términos que el artículo 50 del Estatuto de Canarias el presidente de la Comunidad Autónoma no es un *primus inter pares* (CÁMARA VILLAR, G., 2007, pág. 108), no se limita a coordinar la actividad de sus consejeros, sino que es quien marca los objetivos políticos para la Comunidad Autónoma y define las medidas a adoptar para su consecución en el programa de gobierno (PÉREZ ROYO, J., 2009, págs. 362 y 363). En consecuencia, la investidura se personaliza en el candidato (el Parlamento da su confianza al presidente, no a los consejeros a los que ni tan siquiera debe identificar aún) y el programa de gobierno es un programa presidencial («su programa», dice el art. 118.3 E.A.And.) [HOLGADO GONZÁLEZ, M., 2008, pág. 158] 4. Se impone, por consiguiente, una interpretación sistemática e integradora de estos preceptos para superar el «desajuste estilístico» del estatuyente (PORRAS NADALES, A., 2008, pág. 892). Hay que entender, en suma, que las tareas de dirección de la actividad del Consejo de Gobierno que corresponden al presidente (art. 117.1 E.A.And.) abarcan la fijación de los objetivos programáticos de la acción gubernamental y se identifican con la función de dirección política de la Comunidad, y que el ejercicio de la dirección política, atribuido al Consejo de Gobierno (art. 119.2 E.A.And.) no es sino colaboración en la ejecución del programa presidencial[131].

En cuanto a la identificación concreta de las funciones del Gobierno el artículo 19 de la Ley 1/1983, de 14 de abril, del Gobierno de Canarias establece:

En cuanto a la política general de la Región, corresponden al Gobierno las siguientes competencias:

> *a) Determinar las directrices de la acción del Gobierno.*
> *b) La planificación y desarrollo de la política regional.*
> *c) La coordinación de la política económica insular con la regional, teniendo en cuenta las necesidades de cada isla.*
> *d) Coordinar la actividad de los Cabildos Insulares y Ayuntamientos en cuanto afecte directamente al interés general de la Comunidad Autónoma.*
> *e) La aprobación de los Proyectos de Inversión que deban financiarse con cargo al Fondo de Compensación Interterritorial, según los criterios de distribución que determine, mediante Ley, el Parlamento.*
> *f) Participar en la determinación anual de la cuantía total del Fondo de Compensación Interterritorial.*
> *g) Proponer al Parlamento, por aplicación de los criterios establecidos mediante Ley la distribución de los recursos del Fondo de Solidaridad Interinsular entre las islas y, una vez aprobada por aquél, ejecutarla.*
> *h) Emitir su parecer ante el Gobierno de la Nación en los supuestos previstos en el artículo 37.1 del Estatuto de Autonomía.*

---

131 HOLGADO GONZÁLEZ. *Comentarios al Estatuto de Autonomía para Andalucía*. Obra coordinada por PEDRO CRUZ VILLALÓN/ MANUEL MEDINA GUERRERO. Parlamento de Andalucía. Ideas más tecnología. 2012. Pág. 1922.

i) Proponer al Parlamento los proyectos de legislación que impliquen modificación del Régimen Económico Fiscal de Canarias, a los efectos previstos en la disposición adicional tercera de la Constitución y en el artículo 45.3 del Estatuto.

Por otra parte en cuanto a las funciones ejecutivas y administrativas el artículo 20 de la Ley 1/1983, de 14 de abril, del Gobierno de Canarias enumera las siguientes:

a) Ejecutar los Presupuestos Generales de la Comunidad Autónoma.

b) Delegar el ejercicio de competencias administrativas o transferir su titularidad a los Cabildos Insulares en el marco de las Leyes del Parlamento Canario.

c) La facultad de delegar la liquidación, gestión y recaudación de los tributos regionales, en los Cabildos, Ayuntamientos, y otros Entes Territoriales, que podrán asimismo actuar como colaboradores a tal fin.

d) Nombrar y cesar a los altos cargos de la Administración Autónoma Canaria de categoría superior a Jefe de Servicio, a propuesta del titular del Departamento correspondiente, así como a todos aquellos que las Leyes establezcan.

e) Proponer al Gobierno de la Nación las personas que hayan de formar parte de los Órganos de Administración de aquellas Empresas Públicas de titularidad estatal implantadas en Canarias en los términos y número que la legislación general del Estado determine.

f) Establecer acuerdos de cooperación con otras Comunidades Autónomas previa autorización de las Cortes Generales, y posterior ratificación del Parlamento Canario.

g) Adoptar, en su caso, las medidas necesarias para la ejecución de los tratados y convenios internacionales, en lo que afecten a materias atribuidas a la competencia de la Comunidad Autónoma Canaria.

h) Ejercer el mando supremo de la Policía Autónoma por medio del Presidente.

i) Promover la ejecución de las resoluciones del Parlamento cuando ello sea necesario.

j) Crear, modificar y suprimir los órganos de la Administración de la Comunidad Autónoma con categoría superior a Servicio, excepto Consejerías, previa propuesta del titular del Departamento correspondiente.

k) Resolver aquellos asuntos que le someten los Consejeros cuando éstos disienten del dictamen del Consejo de Estado o del órgano consultivo a que se refiere el artículo 43 del Estatuto de Autonomía.

Tales funciones caben ser enmarcadas dentro de lo que tradicionalmente pueden denominarse funciones ejecutivas y administrativas del Gobierno, de ahí la clásica denominación de poder ejecutivo, que requiere para su puesta en práctica contar con un instrumento fundamental como es la Administración. El Gobierno se sirve de dicha Administración para poder llevar a cabo los objetivos que modulan sus políticas públicas y que en un Estado social y democrático de derecho han de conectar con amplias capas de población e intervenir en distintos sectores de la realidad socioeconómica. Por ello, la función ejecutiva requiere de potestades administrativas regladas que sirvan de fundamento a la acción política desplegada por el ejecutivo, ya sea estatal, autonómico o local.

No podemos obviar la importancia que tiene el Consejo de Gobierno en el proceso legislativo y así el artículo 21 de la Ley 1/1983, de 14 de abril, del Gobierno de Canarias concreta la previsión estatutaria contenida en el artículo 44, estableciendo la participación del Gobierno en el proceso legislativo mediante el ejercicio de la iniciativa legislativa, a través de la aprobación de los Proyectos de Ley, para su remisión al Parlamento, y, el acuerdo en su caso, de retirarlos; la facultad de dictar Decretos legislativos previa delegación expresa del Parlamento, en los términos previstos en el art.º 82 de la Constitución (actualmente el Estatuto de Autonomía en su artículo 45 también la contempla) y la elaboración de los proyectos de Ley de los Presupuestos Generales de la Comunidad Autónoma y su remisión al Parlamento.

Habría que añadir la posibilidad de dictar decretos leyes en el caso de urgente y extraordinaria necesidad que ya estudiamos en el capítulo correspondiente.

En cuanto a la potestad reglamentaria, la misma consiste tradicionalmente en la facultad de aprobar disposiciones generales con rango inferior a la ley que se integran en el ordenamiento jurídico general y, lógicamente, está estrechamente ligada a las funciones ejecutivas y de dirección política del Consejo de Gobierno. El artículo 22 de la Ley 1/1983, de 14 de abril, del Gobierno de Canarias procede a reconocerla, subordinando su ejercicio al marco establecido en la propia norma. En base a ello el artículo 34 de la ley concreta el ejercicio de dicha potestad en base al principio de jerarquía normativa, ajustándose a los siguientes instrumentos normativos:

1. Decretos del Gobierno.
2. Decretos del Presidente.

3. Orden Interdepartamental.

4. Orden Departamental.

Finalmente, en materia de justicia constitucional el artículo 23 de la Ley 1/1983, de 14 de abril, del Gobierno de Canarias establece que el Gobierno de Canarias está legitimando para interponer recursos de inconstitucionalidad, plantear conflictos de competencia en oposición al Estado o a otra Comunidad Autónoma, ante el Tribunal Constitucional, y personarse en los recursos y en las cuestiones de inconstitucionalidad que afecten a Canarias

Obviamente, el Estatuto de Autonomía no puede conferir a ningún órgano de la Comunidad Autónoma legitimación para iniciar procedimientos ante la jurisdicción constitucional, por ser ésta una decisión del constituyente que sólo puede completar, por remisión de la propia Constitución, el legislador estatal, a través de la Ley Orgánica del Tribunal Constitucional (art. 162.2 CE). Estamos, por tanto, ante un precepto meramente simbólico que no atribuye por sí mismo al gobierno ninguna potestad que no tuviera ya, derivada de la Constitución y de la Ley Orgánica del Tribunal Constitucional[132].

b) Composición y cese

Respecto a la composición del Gobierno de Canarias el artículo 51 E.A.Can. establece que el Gobierno de Canarias está compuesto por las personas titulares de la Presidencia y de la Vicepresidencia y por los consejeros o consejeras, regulando la ley las atribuciones y estatuto de sus miembros. Finalmente, respecto a la inmunidad, el apartado tercero del artículo dispone que los miembros del Gobierno solo podrán ser detenidos, durante el ejercicio del cargo, en caso de flagrante delito. Novedad importante que ya tuvimos ocasión de estudiar en el caso de Diputados y titular de la Presidencia del Gobierno, ha sido la pérdida de aforamiento de los miembros del Gobierno.

En cuanto al cese del Gobierno el artículo 52 establece:

> *1. El Gobierno cesará:*
> *a) Tras la celebración de elecciones al Parlamento de Canarias.*

---

132 HOLGADO GONZÁLEZ. *Comentarios al Estatuto de Autonomía para Andalucía*. Obra coordinada por PEDRO CRUZ VILLALÓN/ MANUEL MEDINA GUERRERO. Parlamento de Andalucía. Ideas más tecnología. 2012. Pág. 1926.

b) Por la pérdida de la confianza parlamentaria de la persona titular de la Presidencia, según las previsiones de este Estatuto.

c) Cuando quien ostente la Presidencia cese por dimisión; por notoria incapacidad permanente, física o mental, reconocida por el Parlamento por mayoría absoluta de sus miembros, que le inhabilite para el ejercicio del cargo; por condena penal firme que comporte la inhabilitación para el ejercicio de cargo público; o por pérdida de la condición de diputado del Parlamento de Canarias.

d) Al producirse el fallecimiento de quien ostente la Presidencia.

2. El Gobierno cesante continuará en funciones hasta la toma de posesión del nuevo Gobierno, que tendrá lugar en el plazo máximo de quince días, a contar desde la fecha de nombramiento de la persona titular de la Presidencia. Una Ley del Parlamento de Canarias regulará las atribuciones del Gobierno cesante.

De la lectura del artículo se desprende en primer lugar que el Gobierno cesa tras la celebración de elecciones al Parlamento de Canarias, causa externa a la voluntad presidencial y que supone la celebración de comicios que podrán tener lugar bien por el agotamiento de los cuatro años de legislatura, bien por el curso de dos meses sin haberse obtenido la confianza parlamentaria a la investidura o, en su caso por disolución anticipada del Parlamento que ha sido introducida por el artículo 56 de la nueva norma estatutaria. Igualmente la pérdida de confianza parlamentaria constituye causa de cese del Gobierno, dado que el régimen parlamentario se funda en la confianza de la relación Legislativo- Ejecutivo, de modo que la pérdida de dicha confianza determina la ruptura de la relación y el consiguiente cese del Gobierno.

10.5. Relaciones entre el Parlamento y el Gobierno

a) Introducción

El principio de responsabilidad política se encuentra en la base del régimen parlamentario que la Constitución española ha impuesto a las comunidades autónomas que se constituyesen por el procedimiento previsto en el art. 151 CE[133].

---

133 Holgado González. *Comentarios al Estatuto de Autonomía para Andalucía*. Obra coordinada por Pedro Cruz Villalón/ Manuel Medina Guerrero. Parlamento de Andalucía. Ideas más tecnología. 2012. Pág. 1974.

Asumiendo este principio y por cuanto finalmente todas las Comunidades Autónomas hicieron uso de la organización institucional contemplada en dicho artículo, tal y como afirma MONTESDEOCA GARCÍA, cuando el Estatuto de Autonomía aborda la regulación de las relaciones entre Parlamento y Gobierno, de la actividad de control político que ejerce el Parlamento sobre el Gobierno y de los distintos instrumentos de control y de exigencia de responsabilidad política del Gobierno hace suyo –casi de un modo mimético– la previa regulación existente en el texto constitucional, que dedica el Título V –artículos 108 a 116 CE– a la regulación de las relaciones entre el Parlamento y el Gobierno el Estatuto de Autonomía no presenta originalidad si lo confrontamos con lo establecido en la Constitución Española[134].

La responsabilidad y la confianza son, por tanto, los ejes que han de vertebrar las relaciones entre el Parlamento y el Consejo de Gobierno, fundamentadas en la preeminencia del Parlamento como máxima institución representativa, de la que nace el propio Gobierno a través de la investidura de su Presidente y posterior designación de los miembros del Gabinete. Esa relación de confianza y responsabilidad entre Parlamento y Gobierno por tanto ha de manifestarse de forma continuada a lo largo de la vida del ejecutivo, de ahí que la pérdida de dicha confianza que nace del propio acto de investidura determine como consecuencia el propio cese del Gobierno.

En cuanto a los mecanismos regulatorios de control contenidos en el Estatuto de Autonomía, encuentran en el artículo 53 su fundamento al establecer que el Gobierno responde solidariamente de su gestión política ante el Parlamento de Canarias, no pudiendo exigirse la responsabilidad política individual de los miembros del Gobierno.

Asumida como clásica la responsabilidad solidaria del Gobierno, el Estatuto de Autonomía introduce una innovación normativa al establecer que no pueda exigirse responsabilidad individual a los miembros del Gobierno. Para MONTESDEOCA GARCÍA el alcance subjetivo del precepto se concreta en el Gobierno-no en sus miembros individualmente considerados que forman parte del órgano colegiado con la salvedad de la responsabilidad de quien ostente la Presidencia del Gobierno, y su alcance objetivo queda limitado a la respon-

134 ANGEL ALEXIS MONTESDEOCA GARCÍA. *El Estatuto de Autonomía de Canarias*. Thompson Reuters. Pág. 277.

sabilidad política, excluyendo otros supuestos de responsabilidad que también pueden nacer de la acción de gobierno, penal, civil, administrativo, contable[135].

No obstante, ha sido y es práctica parlamentaria la reprobación de los miembros del Gobierno individualmente considerados y ello además ha sido objeto de análisis por el Consejo Consultivo de Canarias que su dictamen 55/94 de 7 de octubre admite dicho instrumento de control parlamentario que permite al Parlamento realizar una valoración política del miembro del Gobierno respecto a una actuación concreta, sin que de ello puedan en cualquier caso derivarse sanciones de naturaleza jurídica, más allá de las estrictamente políticas.

En cuanto a los distintos mecanismos de control que pueden hacer cesar al Gobierno el Estatuto de Autonomía establece los dos clásicos en la praxis parlamentaria: la cuestión de confianza y la moción de censura.

b) Cuestión de confianza

Respecto a la cuestión de confianza el artículo 54 E.A.Can. establece:

> *La persona titular de la Presidencia del Gobierno, previa deliberación del Gobierno, puede plantear ante el Parlamento una cuestión de confianza sobre su programa o sobre una declaración de política general.*
>
> *La confianza se entenderá otorgada cuando el presidente obtenga la mayoría simple de los votos emitidos.*
>
> *La persona titular de la Presidencia, junto con su Gobierno, cesará si el Parlamento le niega la confianza, en cuyo caso se procederá a la elección de un nuevo presidente en la forma indicada por el artículo 48 del presente Estatuto.*

La cuestión de confianza constituye un mecanismo puesto en marcha por el Presidente del Ejecutivo bajo su responsabilidad –previa deliberación del Consejo de Gobierno, aunque sin necesidad de que aquél cuente con el acuerdo favorable de éste–, al objeto de verificar los apoyos parlamentarios con los que cuenta en relación con su programa político de gobierno o con una declaración de política general, estando regulada en el artículo 164 del Reglamento del Parlamento de Canarias.

---

135 Angel Alexis Montesdeoca García. *El Estatuto de Autonomía de Canarias*. Thompson Reuters. Pág. 284.

Tal y como afirma NAVARRO MÉNDEZ se trata de una operación con riesgos para el Presidente, ya que de no obtener, al menos, la mayoría simple de los votos emitidos en el Parlamento (art. 158.5 RPC), se entendería que la Cámara le retira la confianza que en su día depositó en él en la sesión de investidura, en cuyo caso cesaría todo el Gobierno –conforme dispone el art. 20 EAC– y sería necesario proceder a la elección de un nuevo Presidente según el procedimiento previsto del art. 17 EAC (es decir, correspondería al Presidente del Parlamento proponer un candidato que habría de someterse al proceso de investidura en la Cámara regional). Ahora bien, y aunque la posibilidad de fracaso de una cuestión de confianza es altamente improbable puesto que el Gobierno suele contar con los apoyos en la Cámara necesarios para superar el trámite, lo cierto es que ya hubo un antecedente en 1988, cuando el entonces Presidente no obtuvo el apoyo parlamentario necesario y se vio forzado a dimitir[136].

Estamos, por tanto, ante una decisión personal del presidente, sin que quepa darle valor jurídicamente vinculante a la previa deliberación del Consejo de Gobierno que exige el precepto. Con la preceptiva intervención del órgano colegiado se pretende dar un plazo de enfriamiento o de reflexión a la decisión presidencial, impidiendo así determinaciones no suficientemente meditadas. Por otra parte, también tiene sentido que antes de tomar en consideración ejercitar una facultad que puede conllevar la dimisión de todo el órgano colegiado, en virtud del principio de responsabilidad solidaria el presidente consulte a sus consejeros. Pero, en último extremo, será el presidente quien tome la determinación de someterse a la Cámara, para confirmar que el nexo fiduciario sigue vivo[137].

Tal y como se anunciaba anteriormente, el único episodio que dio lugar al cese del Gobierno en la historia autonómica de Canarias gracias a este mecanismo de exigencia de responsabilidad política fue efectivamente el 1 de diciembre de 1988, cuando dimitía Fernando Fernández –quien pertenecía al Centro Democrático y Social– como Presidente del Gobierno de Canarias tras someterse a una cuestión de confianza que fue rechazada por 27 votos de los diputados de Partido Socialista,

---

136 JOSÉ IGNACIO NAVARRO MÉNDEZ. *Cuestiones de Derecho Parlamentario Canario*. Segunda Edición. Tirant lo Blanch.

137 HOLGADO GONZÁLEZ. *Comentarios al Estatuto de Autonomía para Andalucía*. Obra coordinada por PEDRO CRUZ VILLALÓN/ MANUEL MEDINA GUERRERO. Parlamento de Andalucía. Ideas más tecnología. 2012. Pág. 1986.

Asamblea Majorera y AC/INC y gracias fundamentalmente a las 11 abstenciones de Agrupaciones Independientes de Canarias. La crisis de gobierno se produjo a consecuencia del denominado pleito universitario que enfrentó a Gran Canaria y a Tenerife movilizando a miles de personas en la calle. No obstante, tal y como anunciaba el diario El País el 18 de diciembre de 1988, el CDS conservaba la Presidencia a través de la figura de Lorenzo Olarte sin alterar el pacto de centro-derecha y nacionalistas[138]. Finalmente y ante la consecuencia necesaria de proceder a la nueva designación de un Nuevo Presidente, el 27 de diciembre de 1988, Lorenzo Olarte era elegido Presidente del Gobierno de Canarias y conformaba el nuevo Gobierno.

c) Moción de censura

El otro mecanismo clásico de cese del Gobierno y pérdida de la confianza parlamentaria por tanto es la moción de censura. Para ello el artículo 55 E.A.Can. dispone:

> *El Parlamento puede exigir la responsabilidad política solidaria del Gobierno mediante la adopción, por mayoría absoluta, de la moción de censura. Toda moción de censura debe incluir el nombre del candidato o candidata a la Presidencia y ser presentada, al menos, por el quince por ciento de los miembros del Parlamento.*

Los signatarios de una moción de censura rechazada no podrán presentar otra durante el mismo período de sesiones.

La moción de censura constituye el instrumento más grave de control sobre el poder ejecutivo en un sistema parlamentario en cuanto a las consecuencias derivadas de su éxito, pues tal y como afirma HOLGADO FERNÁNDEZ *la moción de censura, en cuanto instrumento extraordinario de control del Ejecutivo que lleva aparejada la más grave de las sanciones, esto es, la obligación jurídica de dimitir, constituyendo, junto con la cuestión de confianza, uno de los elementos configuradores de las relaciones legislativo-ejecutivo en el régimen parlamentario. Si en el sistema parlamentario la legitimidad del Gobierno se sostiene a partir de la confianza otorgada por el Parlamento a través de la investidura, tanto la cuestión como la moción permiten en cualquier momento comprobar si esa confianza subsiste o, por el contrario, se ha perdido, con la consiguiente ruptura de la relación fiduciaria*[139].

---

138 Hemeroteca Diario El País.

139 HOLGADO GONZÁLEZ. *Comentarios al Estatuto de Autonomía para Andalucía*. Obra coordinada por PEDRO CRUZ VILLALÓN/

La moción de censura es, en palabras de HOLGADO HERNÁNDEZ, por tanto, *un elemento esencial del régimen parlamentario, que permite poner de manifiesto la ausencia de confianza parlamentaria de manera clara e inequívoca, con efectos jurídicos vinculantes para el ejecutivo censurado*[140]. La regulación de este mecanismo de control extraordinario contenida en el Estatuto de Canarias responde al modelo de parlamentarismo racionalizado plasmado en la Constitución de 1978 y reproducido por el resto de comunidades autónomas, ya sea en sus Estatutos de autonomía, ya sea a nivel infraestatutario.

La preocupación por la estabilidad gubernamental y la necesidad de evitar situaciones de vacío de poder, fruto de la experiencia histórica previa, constituyó uno de los ejes en torno a los que pivota el modelo de moción de censura constructiva introducido en nuestro marco constitucional y que ha sido asumido por el resto de entes territoriales a la hora de configurar sus instituciones políticas en el ejercicio del autogobierno, de ahí la necesidad de ser aprobada por mayoría absoluta con un candidato o candidata a la Presidencia que cuente con al menos el apoyo del 15 por ciento de miembros del Parlamento que han de firmar la moción de censura.

La moción de censura está desarrollada ampliamente en el Reglamento del Parlamento de Canarias que en su artículo 166 establece que una vez interpuesta, la Mesa de la Cámara, tras comprobar que la misma reúne los requisitos, la admitirá a trámite, dando cuenta de su presentación a quien ostente la Presidencia del Gobierno y a las portavocías de los grupos parlamentarios. Una vez admitida la moción de censura, podrán presentarse mociones alternativas dentro de las cuarenta y ocho horas siguientes, pudiendo ser retiradas en cualquier momento por sus proponentes.

De conformidad a lo dispuesto en el artículo 167 RPC presentada una moción de censura y hasta el momento en que la misma sea aprobada o rechazada por el Pleno, la Presidencia del Gobierno de Canarias no podrá hacer uso de la facultad de disolución anticipada del Parlamento.

MANUEL MEDINA GUERRERO. Parlamento de Andalucía. Ideas más tecnología. 2012. Pág. 1996.

140 HOLGADO GONZÁLEZ. *Comentarios al Estatuto de Autonomía para Andalucía*. Obra coordinada por PEDRO CRUZ VILLALÓN/ MANUEL MEDINA GUERRERO. Parlamento de Andalucía. Ideas más tecnología. 2012. Pág. 1986.

La moción o mociones de censura serán sometidas a votación a la hora que previamente haya sido anunciada por la Presidencia del Parlamento de Canarias y que no podrá ser anterior al transcurso de cinco días desde la presentación de la primera en el Registro General, requiriendo el voto favorable de la mayoría absoluta de los miembros de la Cámara, en cuyo caso no se someterán a votación las restantes que se hubieren presentado, siendo investido de la confianza de la Cámara el candidato propuesto a quien ostente la Jefatura del Estado para su nombramiento como titular de la Presidencia del Gobierno de Canarias.

Finalmente el artículo 170 RPC contiene una limitación al prohibir que cualquiera de las personas signatarias de una moción de censura rechazada pueda firmar otra durante el mismo período de sesiones.

d) Disolución anticipada del Parlamento

El artículo 56 E.A.Can. establece que la persona titular de la Presidencia, previa deliberación del Gobierno, y bajo su exclusiva responsabilidad, podrá disolver el Parlamento. La disolución se acordará por Decreto, en el que se convocarán, a su vez, elecciones, conteniéndose en el mismo cuantos requisitos exija la legislación electoral aplicable. El apartado segundo contiene una limitación al disponer que no podrá decretarse dicha disolución cuando se haya presentado una moción de censura, ni durante el primer año de legislatura.

Esta previsión estatutaria de disolución anticipada es una novedad en el nuevo Estatuto de Autonomía y tal y como apunta Montesdeoca García siempre fue una aspiración del legislador autonómico el regular este supuesto de disolución del Parlamento por voluntad de aquel a quien el Parlamento invistió y concedió su confianza –el Presidente–[141].

Así en el Dictamen 626/2010 evacuado por el Consejo Consultivo del Gobierno de Canarias con ocasión de la tramitación de un proyecto de ley de la Presidencia y del Gobierno de Canarias se recoge el rechazo a introducir dicha previsión de disolución anticipada reproduciendo la argumentación jurídica esgrimida en el Dictamen 83/2002 que se pronunciaba en los siguientes términos: "En definitiva, la previsión de la disolución anticipada del Parlamento de la CAC por el

141 Angel Alexis Montesdeoca García. *El Estatuto de Autonomía de Canarias*. Thompson Reuters. Pág. 284.

Presidente de su Gobierno ha de estar prevista en la Norma estatutaria y, por tanto, de pretenderse su establecimiento actualmente, ha de efectuarse mediante reforma del Estatuto por el Poder de revisión, incorporando, con los ajustes necesarios y las previsiones correspondientes en relación con la organización institucional de la CAC y el funcionamiento de sus instituciones gubernativas, incluyendo el mandato parlamentario y su duración, este elemento esencial y determinante de la forma gubernativa autonómica, regulando al menos básicamente la forma y los límites del ejercicio de la pertinente facultad del Presidente del Gobierno[142].

Este mecanismo de disolución anticipada del Parlamento es evidente un instrumento que pudiera pensarse entra dentro de las prerrogativas o privilegios de la Presidencia del Gobierno para resolver situaciones de inestabilidad política en las relaciones entre Parlamento y Gobierno, o para aprovechar situaciones coyunturales que puedan favorecer una disolución anticipada para celebración de elecciones a efectos de obtener un mayor grado de confianza parlamentaria en un nuevo escenario de correlación de fuerzas parlamentarias. Sin embargo tal instrumento tal y como afirma NAVARRO JIMÉNEZ-ASENJO implica, *no el ejercicio de un derecho de prerrogativa, sino un medio constitucional de resolver conflictos políticos, conflictos que pueden manifestarse, entre otras formas, como tensión entre el Legislativo y el Ejecutivo dentro del Parlamento, dando lugar a una situación de crisis latente o también como oposición entre el Parlamento y la voluntad nacional manifestada mediante elecciones parciales o locales que han dado el triunfo a elementos de distinta significación política que los que integran la mayoría parlamentaria*[143].

10.6. Órganos de relevancia estatutaria

10.6.1. Introducción

El capítulo VI del Título II del Estatuto de Autonomía está dedicado a los órganos de relevancia estatutaria, que encajan dentro de una suerte de órganos que tienen por misión fundamental llevar a cabo funciones de naturaleza

---

142 Dictamen Consejo Consultivo de Canarias 626/2010 de 13 de septiembre.

143 PATRICIA NAVARRO JIMÉNEZ-ASENJO. "La disolución de los Parlamentos Autonómicos". *Revista Parlamentaria Asamblea de Madrid*. Número 6. 2002. Pág. 118.

estatutaria al margen de la acción puramente política desarrollada por el resto de instituciones políticas inscritas en el marco estatutario, desarrollando funciones propias en algunos casos de los "órganos auxiliares" del Parlamento, bien desde un punto de vista incluso orgánico como la Diputación del Común que se erige en alta *instancia comisionada del Parlamento de Canarias para la defensa de los derechos fundamentales y las libertades públicas o la Audiencia de Cuentas que siendo dependiente del Parlamento de Canarias, realizará las funciones de fiscalización externa de la gestión económica, financiera y contable del sector público de la Comunidad Autónoma,* bien desde un punto de vista funcional, como es el Consejo Consultivo de Canarias, donde se residencian funciones de indudable importancia en el proceso legislativo a la hora de evacuar dictámenes en el seno del mismo.

10.6.2. Diputación del Común

Respecto a la figura del Diputado del Común conviene recordar tal y como hace Carballo Armas, que a partir de la cobertura del texto constitucional de 1978, la inexistencia de una prohibición expresa en el mismo dejó expedita *ab initio* la posibilidad de que las Comunidades Autónomas pudieran establecer en su propio ámbito competencial instituciones similares al Defensor del Pueblo[144].

En cuanto a la redacción estatutaria el artículo 57 E.A.Can. establece:

> *1. La Diputación del Común es la alta instancia comisionada del Parlamento de Canarias para la defensa de los derechos fundamentales y las libertades públicas y supervisará las actividades de las administraciones públicas canarias, de acuerdo con lo que establezca la ley.*
>
> *2. En el cumplimiento de sus funciones podrá solicitar la colaboración de toda clase de autoridades, organismos, funcionarios y entidades de cualquier Administración Pública, con sede en la Comunidad Autónoma de Canarias.*
>
> *3. La persona titular de la Diputación del Común será elegida por la mayoría de las tres quintas partes de los miembros del Parlamento de Canarias para un mandato de cinco años.*

---

144 Pedro Carballo Armas. *El Estatuto de Autonomía de Canarias.* Thompson Reuters. Pág. 298.

4. Una ley del Parlamento de Canarias garantizará la independencia de sus actuaciones y regulará su organización, funcionamiento y la cooperación con el Defensor del Pueblo.

5. En el ejercicio de su actividad podrá celebrar los acuerdos de cooperación que estime necesarios con instituciones similares.

La configuración de la Diputación del Común como una instancia de tutela derechos y libertades se ha visto reforzada, con la previsión de un catálogo de derechos que se inscribe en la nueva norma autonómica . En este nuevo escenario, la Diputación del Común se configura como una institución especialmente idónea para llevar a cabo una tarea de promoción, defensa y tutela de dichos derechos, gracias a los amplios márgenes de actuación que posee la institución y al hecho de que opere como afirma Anguita Susi *al hecho de que funcione como una magistratura de persuasión e impulso, lo que propicia una tutela más eficaz, flexible y operativa*[145].

La Diputación del Común o Diputado del Común tal y como se denomina en la Ley 7/2001, de 31 de julio, se reguló por primera vez por la Ley de 12 de febrero de 1985, desarrollándose, a esos efectos, lo previsto en el derogado artículo 13 del Estatuto de Autonomía de Canarias, aprobado por Ley Orgánica 10/1982, de 10 de agosto. Dicho precepto disponía la existencia de esta figura para la defensa de los derechos fundamentales y libertades públicas de los ciudadanos en el ámbito de la Comunidad Autónoma. Se expresaba en aquella ocasión en la Exposición de Motivos de la Ley, que la Institución del Diputado del Común entroncaba directamente con la historia colectiva del archipiélago, dado que los Procuradores del Común y Personeros de los siglos XVI, XVII y XVIII, como representantes directos de los vecinos en los Cabildos iniciales del sistema de autonomía municipal devendrían posteriormente en Diputados del Común, por Reales Provisiones de 5 de mayo de 1766 para las Islas Realengas y de 14 de enero de 1772 para las restantes.

El texto estatutario actual precisa pormenorizadamente el ámbito objetivo de actuación de la Diputación del Común, pues, además de la defensa de los derechos y las libertades constitucionales, se señala su capacidad de supervisión de las administraciones públicas canarias en relación con tales cuestiones, lo cual también está reflejado en el artículo 1 de la Ley 7/2001, de 31 de julio.

---

145 Anguita Susi. *Comentarios al Estatuto de Autonomía para Andalucía*. Obra coordinada por Pedro Cruz Villalón/Manuel Medina Guerrero. Parlamento de Andalucía. Ideas más tecnología. 2012. Pág. 2020.

En cuanto a la designación de la persona que ostente la titularidad de la institución, el Estatuto de Autonomía exige una mayoría de tres quintas partes del Parlamento, persiguiendo en definitiva la búsqueda del mayor consenso posible en la figura que encarna una responsabilidad que ha de ejercerse con el mayor grado de neutralidad política posible, de ahí el régimen de incompatibilidades establecidas en el artículo 8 de la ley reguladora, que le impide el ejercicio de mandato representativo, la tenencia de cargo político o actividad de propaganda política, la permanencia en el servicio activo de cualquier Administración pública, la afiliación a un partido político o el desempeño de funciones directivas en un partido político o en un sindicato, asociación o fundación y el empleo al servicio de los mismos, así como el ejercicio de las carreras judicial y fiscal o cualquier actividad profesional, liberal, mercantil o laboral, y ello mientras permanezca en el cargo.

La duración del mandato es de cinco años y la lección recaerá entre personas mayores de edad que ostenten la condición política de canarios y se encuentren en pleno uso de sus derechos civiles y políticos.

El apartado quinto del artículo 57 establece que *en el ejercicio de su actividad podrá celebrar los acuerdos de cooperación que estime necesarios con instituciones similares*. Dicha previsión estaba desarrollada en el artículo 18 de la Ley 7/2001, de 31 de julio que prevé la posibilidad de que la Diputación del Común, en el ejercicio de sus funciones pueda dirigirse al Defensor del Pueblo o a las instituciones similares de otras Comunidades Autónomas, para coordinar actuaciones que excedan del ámbito territorial de Canarias, además de establecer relaciones de colaboración con instituciones nacionales e internacionales cuyo ámbito de función se extienda a la protección de las libertades públicas y los derechos fundamentales.

10.6.3. Consejo Consultivo de Canarias

El Consejo Consultivo de Canarias es una institución de relevancia estatutaria de naturaleza independiente cuyas funciones esenciales radican en el control de constitucionalidad, estatutoriedad y legalidad de los actos y normas provenientes de las administraciones e instituciones de la Comunidad Autónoma[146].

Respecto a la legitimación autonómica para configurar un órgano de naturaleza consultiva cuyas funciones esta-

146 Galera Victoria, A: *Constitución, función consultiva y Estado Autonómico*. Aranzadi. Navarra. 2007. Pág. 163.

ban residencialmente contenidas en el Consejo de Estado que se contempla constitucionalmente en el artículo 107 CE, resulta de indudable importancia la STC 204/1992 que se pronuncia en los siguientes términos:

> *"...En consecuencia, y por lo que aquí respecta, no sólo hay que reconocer las competencias de las Comunidades Autónomas para crear, en virtud de sus potestades de autoorganización, órganos consultivos propios de las mismas características y con idénticas o semejantes funciones a las del Consejo de Estado, sino, por la misma razón, estimar posible constitucionalmente la sustitución del informe preceptivo de este último por el de un órgano superior consultivo autonómico, en relación al ejercicio de las competencias de la respectiva Comunidad, en tanto que especialidad derivada de su organización propia.*
>
> *Pero, si es preciso reconocer esa posibilidad de sustitución, también es necesario afirmar que en donde o en tanto semejantes órganos consultivos autonómicos, dotados de las características de organización y funcionamiento que aseguren su independencia, objetividad y rigurosa cualificación técnica, no existan, es decir, en aquellas Comunidades Autónomas que no cuenten con esta especialidad derivada de su organización propia, las garantías procedimentales mencionadas exigen mantener la intervención preceptiva del Consejo de Estado, en tanto que órgano al servicio de la concepción global del Estado que la Constitución establece..." (134. STC 204/1992).*

A raíz de esta jurisprudencia constitucional, las distintas legislaciones autonómicas en la materia implantaron una serie de órganos superiores consultivos del Gobierno y de la Administración autonómica, con unas funciones que van desde el clásico control de legalidad de los reglamentos y demás actos administrativos, hasta el examen de estatutariedad de los proyectos de ley. Esta diversidad de atribuciones ha servido para que una parte de la doctrina defienda que, en puridad, el Consejo de Estado no se verá desplazado si el órgano consultivo autonómico no es homologable a la institución estatal, de aquí que cualquier variación en su ámbito de actuación convertiría en inconstitucional la creación de los respectivos consejos autonómicos[147].

---

147 147. Anguita Susi. *Comentarios al Estatuto de Autonomía para Andalucía*. Obra coordinada por Pedro Cruz Villalón/ Manuel Medina Guerrero. Parlamento de Andalucía. Ideas más tecnología. 2012. Pág. 2020.

En el nuevo Estatuto de Autonomía, el Consejo Consultivo está regulado en el artículo 58 que queda redactado en los siguientes términos:

> *1. El Consejo Consultivo de Canarias es el supremo órgano consultivo de la Comunidad Autónoma de Canarias encargado de dictaminar sobre la adecuación a la Constitución y al Estatuto de Autonomía de:*
>
> *a) Las iniciativas legislativas.*
>
> *b) Los decretos-leyes sometidos a convalidación del Parlamento.*
>
> *c) Los proyectos de decretos legislativos.*
>
> *d) La interposición de recursos de inconstitucionalidad por parte del Parlamento o del Gobierno, así como los planteamientos de conflictos de competencia.*
>
> *e) Las demás cuestiones que determine su ley reguladora.*
>
> *2. La ley garantizará su imparcialidad e independencia, y regulará su composición, funcionamiento y el estatuto de sus miembros.*

La previsión estatutaria sobre la existencia de un órgano de naturaleza consultiva autonómica ya estaba contemplado en el artículo 43 del Estatuto de Autonomía, aprobado por Ley Orgánica 10/1982, y con posterioridad artículo 44 tras redacción dada por Ley Orgánica 4/1996 y fue objeto de desarrollo legislativo por Ley 4/1984, de 6 de julio, del Consejo Consultivo de Canarias, que desarrolló el que fuera artículo 43 del Estatuto de Autonomía describiendo en su preámbulo dicha norma al Consejo *en la doble vertiente de órgano de dimensión reflexiva y racionalizadora dirigido a velar por la correcta interpretación del bloque constitucional en su aplicación a Canarias —la adecuación al Estatuto de Autonomía de los proyectos y proposiciones de Ley, en la dicción del antiguo precepto estatutario—, y en su otra vertiente de institución de apoyo al quehacer administrativo ordinario que habría de desarrollarse mediante juicios técnicos en los temas sometidos a consulta, señalándose que el alejamiento de la perspectiva de la línea ejecutiva reportaría la ventaja de la aprehensión de los problemas suscitados con una mayor profundidad que habría de facilitar el desapasionamiento de la gestión diaria.*

En cuanto a su composición, el Consejo Consultivo de Canarias de conformidad a lo dispuesto en el artículo 4 de la Ley 5/2002, de 3 de junio está integrado por siete consejeros o consejeras nombrados por la persona titular de la Presidencia de la Comunidad Autónoma de Canarias, cuatro a propuesta del Parlamento, por mayoría de tres quintos de sus miembros, y tres a propuesta del Gobierno, en ambos casos elegidos entre juristas de reconocida competencia y prestigio y con más de diez años de ejercicio profesional, los cuales serán independientes e inamovibles en el ejercicio de sus cargos, siendo nombrados con carácter general se nombrarán por un período de cuatro años, a contar desde el momento de la toma de posesión.

Respecto a las funciones del Consejo Consultivo se pueden dividir en competencias vinculadas al Parlamento de Canarias, al Gobierno de Canarias, actuaciones ante el Tribunal Constitucional y sobre legalidad de la actuación de las Administraciones Públicas canarias.

Respecto a las funciones vinculadas al Parlamento, están referidas fundamentalmente a la emisión de dictámenes en el ámbito del proceso legislativo, debiendo dictaminar preceptivamente de conformidad a lo dispuesto en el artículo 11 LCCC respecto a las propuestas de reforma del Estatuto de Autonomía, los proyectos de Ley, antes de su aprobación definitiva por el Consejo de Gobierno, exceptuados los de Presupuestos Generales de la Comunidad Autónoma y las proposiciones de Ley tomadas en consideración.

Respecto a las competencias vinculadas al Gobierno de Canarias, deberá informar proyectos de Decretos Legislativos; proyectos de Reglamento de ejecución de leyes autonómicas, de desarrollo de normas básicas del Estado y, en su caso, de normas de la Unión Europea; disposiciones reglamentarias en materia de Régimen Económico-Fiscal de Canarias, sin perjuicio de lo establecido en el apartado 4 del artículo 12 LCCC; Proyectos de convenios y acuerdos con otras Comunidades Autónomas regulados en el artículo 39 del Estatuto de Autonomía y Conflictos de competencias entre las entidades locales canarias.

En cuanto a las competencias relativas a actuaciones ante el Tribunal Constitucional, el Consejo Consultivo deberá informar respecto a la eventual interposición de recursos de inconstitucionalidad por las instituciones de la Comunidad Autónoma de Canarias y conflictos de competencias y de defensa de la autonomía local ante el Tribunal Constitucional.

Finalmente, en cuanto a la legalidad de la actuación de las Administraciones Públicas canarias, el artículo 11 LCCC, recoge las siguientes actuaciones en que la intervención del Consejo Consultivo resulta preceptiva:

> *a) Propuestas de acuerdos y de resoluciones de los órganos de la Administración autonómica y de los Cabildos Insulares, Ayuntamientos y Universidades canarias cuando así lo disponga la legislación aplicable.*

b) Revisión de oficio de los actos y disposiciones administrativos, y recurso de revisión.

c) Nulidad, interpretación, modificación y resolución de los contratos administrativos en los casos previstos en la normativa general de contratación administrativa.

d) Nulidad, interpretación, modificación y extinción de concesiones administrativas cuando se formule oposición por parte del concesionario.

e) Reclamaciones que se formulen en materia de responsabilidad administrativa patrimonial cuya cuantía sea igual o superior a 6.000 €.

f) Creación o supresión de municipios y alteración de términos municipales.

g) Cualquier otra actuación administrativa de las Universidades y Administraciones Públicas canarias para la que se exija en una Ley el dictamen del Consejo Consultivo como requisito previo.

Finalmente respecto a la vinculación de los dictámenes del Consejo Consultivo, el artículo 3 LCCC señala que con carácter general los mismos no serán vinculantes, disponiendo expresamente que *los dictámenes del Consejo Consultivo, salvo en los casos en que se disponga expresamente lo contrario, no son vinculantes y deberán estar jurídicamente fundamentados, no pudiendo contener valoraciones de oportunidad o conveniencia.*

10.6.4. Audiencia de Cuentas

a) Introducción

La Audiencia de Cuentas es un órgano de relevancia estatutaria, cuya previsión ya se encontraba en el Estatuto de Canarias aprobado por Ley Orgánica 10/1982, tras redacción dada por Ley Orgánica 4/1996, que introdujo un apartado segundo al artículo 61, configurando a la Audiencia de Cuentas, como órgano dependiente del Parlamento de Canarias, cuyas funciones residen en la fiscalización externa de la gestión económica, financiera y contable del sector público de la Comunidad Autónoma y demás entes públicos de Canarias, sin perjuicio de las competencias que pudieran corresponder al Tribunal de Cuentas de acuerdo con la Constitución.

La redacción originaria coincide plenamente con la actual redacción del artículo 59 E.A.Can., si bien la diferencia principal estriba en la ubicación sistemática del precepto y consiguientemente de la institución dentro del Estatuto, por cuanto en la anterior norma de cabecera autonómica se ubicaba dentro del Capítulo III (del Régimen financiero y Tributario) del Título IV (Economía y Hacienda), mientras que ahora se ubica dentro del Capítulo VI (Órganos de relevancia estatutaria) del Título II (De las Instituciones de la Comunidad Autónoma), lo que refuerza su caracterización como institución autonómica de especial relevancia.

Pese a que la redacción originaria del Estatuto de Autonomía aprobada por Ley Orgánica 10/1982 no contemplaba la creación de la Audiencia de Cuentas, el legislador autonómico introdujo la configuración del órgano a través de Ley 4/1989, de 2 de mayo, de la Audiencia de Cuentas de Canarias. En el propio Preámbulo de la ley, el legislador justificaba la instauración del órgano en base a la función encomendada al Parlamento por el artículo 60 del Estatuto respecto a la fiscalización presupuestaria de la Comunidad Autónoma y abundaba en que si bien (el Estatuto) *no contempla la existencia de un órgano técnico de control económico presupuestario externo que dependiendo directamente del Parlamento de Canarias le auxilie en su labor, tampoco se opone a su creación, ya que la Comunidad Autónoma tiene competencia exclusiva sobre la organización, régimen y funcionamiento de sus instituciones de autogobierno, de acuerdo con el artículo 29 del Estatuto de Autonomía, lo que hace posible que pueda crear no sólo órganos de control interno, o sea, sus propios órganos interventores, sino también órganos de control externo.*

Por tanto el legislador autonómico se anticipa a la incorporación dentro del Estatuto de Autonomía de la figura para introducirlo vía norma autonómica en base a la propia institucionalización de la figura en otros ordenamientos autonómicos y la propia previsión contenida en la Ley 7/1998, de 5 de abril, de Funcionamiento del Tribunal de Cuentas que dedicaba el Capítulo II de su Título IV a «las relaciones del Tribunal de Cuentas con los órganos de control externo de las Comunidades Autónomas», consciente de la instauración previa de tales órganos de control a nivel autonómico.

Estamos por tanto en presencia tal y como afirma Carballo Armas *de un órgano técnico de control externo, dependiente del Parlamento de Canarias, cuyo objeto fundamental es fiscalizar la gestión económica, financiera y contable del sector público de la Comunidad Autónoma y demás entes públicos de Canarias*[148].

148 Pedro Carballo Armas. *El Estatuto de Autonomía de Canarias.* Thompson Reuters. Pág. 306.

Las tres principales características de la función fiscalizadora son: a) Externa, contrapuesta por tanto al control que ejerce la propia Administración a través de sus correspondientes servicios internos de inspección; b) A posteriori, porque tiene lugar sobre las gestiones y operaciones ya realizadas, y c) Pública, dado que sigue unas pautas técnicas de actuación, con el objetivo de comprobar la actividad del sujeto controlado y de verificar su adecuación a unos parámetros preestablecidos, de modo que las posibles consecuencias –sobre todo sancionadoras– que se originen no integrarían, en sentido estricto, la actividad fiscalizadora[149].

b) Organización y funciones

En cuanto a la composición del órgano, el artículo 21 LACC establece que la Audiencia de Cuentas está integrada por cinco consejeros auditores elegidos por el Parlamento de Canarias por mayoría de tres quintos de sus miembros entre personas de reconocido prestigio en relación al ámbito funcional del órgano fiscalizador, pudiendo ser reelegidos. En cuanto a la duración del mandato, el mismo es de cinco años a contar desde el momento efectivo de su elección.

El apartado cuarto del artículo 21 LACC se introdujo a través de la Ley 7/2019, de 9 de abril, a fin de garantizar la presencia equilibrada de hombres y mujeres en el órgano de control, sin que en el conjunto del órgano las personas de cada sexo no superen el sesenta por ciento ni sean inferiores al cuarenta por ciento.

Como garantía de independencia y neutralidad el artículo 22 LACC establece que no podrán ser designados consejeros o consejeras auditores quienes en los dos años inmediatamente anteriores hayan tenido a su cargo la gestión o intervención de la cuenta general de la Comunidad Autónoma de Canarias ni quienes hayan sido perceptores de subvenciones o beneficiarios de avales o exenciones concedidas por cualquiera de los entes pertenecientes al sector público de la Comunidad Autónoma, mientras que el artículo 25 LACC introduce un riguroso régimen de incompatibilidades similar al establecido para los altos cargos en la legislación de la Comunidad Autónoma, y añadiendo la incompatibilidad con

149 Anguita Susi. *Comentarios al Estatuto de Autonomía para Andalucía*. Obra coordinada por Pedro Cruz Villalón/Manuel Medina Guerrero. Parlamento de Andalucía. Ideas más tecnología. 2012. Pág. 2043.

el desempeño de funciones directivas, ejecutivas o asesoras en Partidos Políticos, Centrales Sindicales, Organizaciones Empresariales y Colegios Profesionales. Para garantizar la independencia y neutralidad el artículo 23 LACC garantiza la independencia e inamovilidad de los miembros de la Audiencia de Cuentas durante el ejercicio de su mandato.

En cuanto a la estructura orgánica la Audiencia de Cuentas está integrada de conformidad a lo dispuesto en el artículo 29 LACC por el Pleno, la Presidencia, los Auditores y la Secretaría General.

En cuanto al Peno, se trata de un órgano colegiado, constituido por los cinco Auditores correspondiéndoles las siguientes atribuciones:

a) Aprobar su Reglamento de régimen interno y cuantas disposiciones reglamentarias sean necesarias para el cumplimiento de los fines que se le asignan por la presente Ley.

b) Aprobar el anteproyecto de su presupuesto.

c) Aprobar los criterios y programas de actuación que han de observar los Auditores y todo el personal al servicio de la Audiencia de Cuentas, al objeto de unificar al máximo las actuaciones.

d) Elegir de entre sus miembros al Presidente y proponer su nombramiento.

e) Nombrar al Secretario General.

f) Emitir el informe anual sobre la Cuenta General.

g) Aprobar los restantes informes sobre las cuentas y la gestión económica y financiera del sector público así como cualquier otro informe o memoria que haya de ser remitido a órganos externos a la Audiencia de Cuentas.

h) La aprobación de las cuentas de su presupuesto que hayan de rendirse ante el Parlamento de Canarias.

i) Asesorar al Presidente en los asuntos que sean de su exclusiva competencia.

j) Aprobar las convocatorias de pruebas selectivas para el ingreso del personal.

k) Las demás funciones que le encomienda esta Ley y las normas que la desarrollen.

Finalmente, respecto a las funciones desplegadas por la Audiencia de Cuentas ha de decirse que las mismas se residencian fundamentalmente en la función de control sobre el sector público autonómico, que Navarro Méndez concreta y centra en tres aspectos: legalidad, eficiencia y economía, refiriéndose a ello el art. 6 de la Ley 4/1989, al señalar que el control irá referido a la adecuación de *legalidad* la actividad de los entes controlados al ordenamiento jurídico vigente; el control de *eficacia* tendrá como finalidad determinar el grado en que se hayan alcanzado los objetivos previstos, analizando las desviaciones que se hayan podido producir y las causas que las originen; y el control de *economía* se referirá a la relación entre los medios empleados y los objetivos realizados, con la finalidad de evaluar el coste efectivo en la realización del gasto público[150].

En cuanto a la concreción de las funciones encomendadas a la Audiencia de Cuentas de Canarias el artículo 5 LACC le atribuye las siguientes:

a) Fiscalizar la actividad económico-financiera del sector público de la Comunidad Autónoma de Canarias, velando por la legalidad, eficiencia y economía de cuantos actos den lugar al reconocimiento de derechos y obligaciones de contenido económico, así como de los ingresos y pagos que de ellos se deriven y, en general, de la recaudación, inversión y aplicación de los fondos públicos.

   Corresponde, en todo caso, a la Audiencia de Cuentas de Canarias la fiscalización de las subvenciones, créditos, avales y todas las ayudas, cualquiera que sea su naturaleza, concedidas por los órganos del sector público canario a personas físicas o jurídicas.

b) Fiscalizar el grado de cumplimiento de los objetivos propuestos en los diversos programas presupuestarios, a fin de evaluar la eficacia, eficiencia y economía que se haya alcanzado en estos objetivos, analizando las desviaciones que se hayan podido producir y las causas que las originaron.

c) Fiscalizar los créditos extraordinarios, suplementos, incorporaciones, ampliaciones, transferencias y demás modificaciones de los créditos presupuestarios iniciales.

150 Navarro Méndez. Aznar Gallego. *Cuestiones de derecho parlamentario canario*. Segunda Edición. Tirant Lo Blanch. 2015.

d) Fiscalizar los contratos suscritos por la Administración de la comunidad autónoma y demás entes del sector público indicados en el artículo 2 de la presente ley.

e) Fiscalizar la situación y las variaciones patrimoniales de los entes integrantes del sector público de la comunidad autónoma.

f) Fiscalizar el cumplimiento de los principios de estabilidad presupuestaria y sostenibilidad financiera.

g) Emitir los dictámenes y respuestas a consultas que en materia de contabilidad pública y de gestión económico-financiera le sean solicitados por el máximo órgano rector competente de los entes públicos mencionados en el artículo 2 de la presente ley.

h) Asesorar al Parlamento de Canarias en la materia propia de sus competencias.

i) Asesorar al sector público canario definido en el artículo 2 de la presente ley, a instancia de este o por propia iniciativa, en el establecimiento de medidas tendentes a mejorar la competitividad de las administraciones públicas canarias y su gestión recaudatoria y de medidas encaminadas a incrementar la transparencia en la gestión.

j) Informar y recomendar buenas prácticas administrativas, contables y financieras como medio de prevención de la corrupción en el ámbito del sector público de la comunidad autónoma.

10.7. Comisionado de transparencia y acceso a la información pública

La inclusión de la figura del Comisionado de Transparencia y Acceso a la información pública dentro del Estatuto de Autonomía, concediéndole rango de órgano de relevancia estatutaria implica el reconocimiento expreso que el legislador estatutario confiere al principio de transparencia como eje de actuación de los poderes públicos. Se trata de un órgano que resultando autónomo e independiente, está estrechamente vinculado al Parlamento de Canarias, por cuanto la designación del titular del mismo surge de la elección por mayoría de tres quintos del Parlamento, el Reglamento de funcionamiento del mismo se rige por norma reglamentaria aprobada por la Mesa del Parlamento según establece el artículo 62 de la Ley 12/2014, de 26 de diciembre, de transparencia y acceso a la información pública y además debe remitir con carácter anual a dicha institución un informe sobre el grado de transparencia en la actuación de las distintas Administraciones Públicas que son objeto de control.

De conformidad a lo establecido en el artículo 60 E.A.Can. el Comisionado de Transparencia y Acceso a la Información Pública es el órgano de fomento, análisis, control y protección de la transparencia pública y del derecho de acceso a la información pública en el ámbito de la Comunidad Autónoma de Canarias, de acuerdo con lo que establezca la ley reguladora. El apartado segundo establece que una ley del Parlamento de Canarias garantizará su actuación con plena capacidad, autonomía e independencia y regulará su organización, funcionamiento y las relaciones con las administraciones públicas, entidades y otros obligados por la ley, concretando el apartado tercero del artículo 60 que el Comisionado de Transparencia y Acceso a la Información Pública será elegido por mayoría de tres quintas partes del Parlamento de Canarias, conforme al procedimiento que la ley determine.

Al respecto cabe decir que dicho mandato del legislador estatutario para que por ley del Parlamento de Canarias se desarrollen de forma pormenorizada aquellas cuestiones mencionadas en el artículo ya fueron consideradas por el propio legislador autonómico, que con carácter previo a la introducción de la institución como órgano de relevancia estatutaria ya había creado el Comisionado de Transparencia a través de la Ley 12/2014, de 26 de diciembre, de transparencia y acceso a la información pública que en su artículo 58 configuraba al mismo con idéntica funcionalidad que la mencionada en el artículo 60 de la actual norma de cabecera autonómica.

En cuanto al nombramiento el artículo 59 LTAIP dispone que el comisionado o comisionada de Transparencia y Acceso a la Información Pública será elegido por mayoría de tres quintas partes del Parlamento de Canarias, conforme al procedimiento que se establezca por el mismo, por un período de cinco años no renovable, entre personas de reconocido prestigio y competencia profesional, siendo posteriormente nombrado mediante decreto de quien ostente la titularidad de la Presidencia del Gobierno de Canarias.

En cuanto a las funciones, el artículo 63 LTAIP establece que le corresponde:

a) La resolución de las reclamaciones que se interpongan contra los actos expresos o presuntos resolutorios de las solicitudes de acceso a la información de las entidades y organismos relacionados en el artículo 2.1 de esta ley, así como de los cabildos insulares, ayuntamientos y entidades dependientes y vinculadas de los mismos.

b) El control del cumplimiento de la obligación de publicar la información que se relaciona en el título II de esta ley por los organismos y entidades relacionadas en los artículos 2.1 y 3 de esta ley.

c) La formulación de recomendaciones de cumplimiento e interpretación uniformes de las obligaciones establecidas en esta ley relativas al derecho de acceso y la transparencia.

d) El asesoramiento en materia de acceso a la información pública y de transparencia.

e) La evaluación del grado de aplicación y cumplimiento de esta ley.

f) Las demás que se le atribuyan en esta ley y en el ordenamiento jurídico.

Finalmente tal y como se advertía al inicio de este epígrafe la actividad del Comisionado de Transparencia está estrechamente vinculada al Parlamento de Canarias y fruto de ello es la obligación de elaborar anualmente un informe, que debe ser presentado durante el primer trimestre del año, donde se reflejará el grado de cumplimiento en materia de transparencia por parte de las distintas Administraciones Públicas. De conformidad a lo dispuesto en el artículo 65 LTAIP dicho informe deberá necesariamente recoger:

a) Las denegaciones de solicitudes de acceso a la información acordadas por las entidades y organismos incluidos en el ámbito de aplicación de esta ley y los motivos en que se han fundado.

b) Las reclamaciones presentadas contra las denegaciones de solicitudes de acceso a la información, expresando su número, los motivos de la reclamación y los acuerdos adoptados en las mismas por el comisionado o comisionada.

c) Los incumplimientos de la obligación de hacer pública la información relacionada en el título II de esta ley y los requerimientos formulados para su subsanación.

d) Los procedimientos disciplinarios y sancionadores incoados y resueltos por la comisión de las infracciones previstas en esta ley.

e) Las recomendaciones emitidas relativas al cumplimiento e interpretación de la ley del derecho de acceso a la información pública y de transparencia administrativa.

f) La actividad de asesoramiento realizada en materia de acceso a la información pública y de transparencia administrativa.

g) La evaluación del grado de aplicación y cumplimiento de esta ley.

h) Los demás datos, hechos o consideraciones que estime pertinentes el comisionado o comisionada y, específicamente, la designación de los órganos y autoridades que no han dado cumplimiento a las obligaciones establecidas en esta ley.

10.8. De la Administración de la Comunidad Autónoma de Canarias

10.8.1. Organización de la Administración

El nuevo Estatuto de Autonomía dedica tres artículos a la regulación de la Administración de la Comunidad Autónoma, sustituyendo el anterior artículo 22 del Estatuto de Autonomía, tras redacción dada por Ley Orgánica 4/1996 e incorporando al Capítulo Séptimo del Título II los anteriores artículos 41 y 42, cuya ubicación sistemática se encontraba en el Título III, referido al Régimen Jurídico de la Comunidad Autónoma.

El artículo 61 E.A.Can. refleja en primer lugar el reconocimiento que en exclusiva tiene la Comunidad Autónoma para organizar su propia Administración en el marco del Estatuto y las leyes. En este punto conviene apuntar, como hace Suay Rincón, que la nueva norma se aparta de la redacción estatutaria anterior que enmarcaba el ámbito de autoorganización a los principios constitucionales y a las normas básicas del Estado, lo cual es coherente con la consideración del Estatuto como norma institucional básica del ordenamiento autonómico y parte integrante del bloque de constitucionalidad[151].

En cuanto a los principios de la organización administrativa se pueden clasificar atendiendo a la redacción estatutaria en:

a) Principio de eficacia.

El principio de eficacia está explicitado en la propia Constitución (art. 103.1 CE), en el artículo 3 de la Ley 40/2015, de 1 de octubre, de Régimen Jurídico del Sector Público, y en el propio artículo 2 de la Ley 14/1990, de 26 de julio de Régimen Jurídico de las Administraciones Públicas de Canarias.

b) Principio de economía.

Dicho principio está estrechamente vinculado a la eficiencia en la asignación y utilización de los recursos públicos contenido en el artículo 31.2 CE cuando establece que el gasto público realizará una asignación equitativa de los recursos públicos, y su programación y ejecución responderán a los criterios de eficiencia y economía.

c) Principio de máxima proximidad a los ciudadanos.

Contenido igualmente en el artículo 3.1 de la Ley 40/2015, de Régimen Jurídico del Sector Público y el artículo 2 de la Ley 14/1990, de 26 de julio de Régimen Jurídico de las Administraciones Públicas de Canarias, tal y como afirma Fernández Ramos, *desde el punto de vista organizativo, la idea de proximidad de los ciudadanos puede servir de fundamento de la desconcentración territorial de competencias*, que en el ámbito específico de la Comunidad Autónoma de Canarias implica reconocer el hecho insular como eje de funcionamiento y organización de la Administración Pública propia[152].

d) Principio de atención al hecho insular.

Dicho principio no dejar de ser una manifestación concreta del principio de proximidad a los ciudadanos y por tanto de la necesidad de acomodar la organización administrativa a las particularidades derivadas del hecho insular.

151 José Suay Rincón. *El Estatuto de Autonomía de Canarias*. Thompson Reuters. Pág. 321.

152 Fernández Ramos. *Comentarios al Estatuto de Autonomía para Andalucía*. Obra coordinada por Pedro Cruz Villalón/ Manuel Medina Guerrero. Parlamento de Andalucía. Ideas más tecnología. 2012. Pág. 2088.

En cuanto al ejercicio de sus funciones administrativas por parte de la Comunidad Autónoma, se realizarán de conformidad a lo dispuesto en el apartado segundo del artículo 61, bien por su propia Administración, bien, cuando lo justifiquen los principios de subsidiariedad, descentralización y eficiencia, a través de los cabildos insulares y ayuntamientos con la adecuada suficiencia financiera, de conformidad con el Estatuto y las leyes. A diferencia de la anterior redacción del artículo 22.3 de la Ley Orgánica 10/1982, el precepto establece que la Comunidad Autónoma ejercerá sus funciones en lugar de la expresión "podrá ejercer", lo que convierte en obligatorio el ejercicio de dichas funciones.

Cabe destacar en la nueva redacción estatutaria como acertadamente argumenta Suay Rincón, la supresión de las referencias concretas a las técnicas de traspaso de competencias contenidas en la anterior redacción, que son sustituidas por los principios de subsidiariedad, descentralización y eficiencia a que subordina el Estatuto el ejercicio de funciones administrativas por parte de Cabildos Insulares y Ayuntamientos, siempre de conformidad a lo dispuesto en el Estatuto y las leyes[153].

a. Régimen jurídico.

Respecto al régimen jurídico, el artículo 62 E.A.Can., que coincide en lo esencial con el artículo 41 de la anterior norma de cabecera autonómica, recoge expresamente las potestades administrativas de la Comunidad Autónoma, así como los clásicos privilegios propios del derecho administrativo, si bien tal y como afirma Suay Rincón, la nomenclatura utilizada por el legislador estatutario no resulta excesivamente afortunada, por cuanto no existen privilegios como tales en nuestro Derecho, sino potestades y si se quisiera añadir algo más prerrogativas[154] y es que la expresión "privilegios" proviene del Derecho antiguo y resulta incompatible con los cimientos sobre los que se asientan en cambio los ordenamientos modernos, entre cuyos fundamentos se sitúa, por todos, el valor de la igualdad[155].

---

153 José Suay Rincón. *El Estatuto de Autonomía de Canarias*.Thompson Reuters. Pág. 322.

154 José Suay Rincón. *El Estatuto de Autonomía de Canarias*.Thompson Reuters. Pág. 322.

155 Gómez-Ferrer Morant. "Derecho a la tutela judicial y posición juridical peculiar de los poderes públicos". *Revista española de derecho administrativo*. Número 33 (1982) Pág. 183 y siguientes.

Otra deficiencia técnica apuntada por SUAY RINCÓN es la denominada presunción de legitimidad de los actos de las Administraciones en el ejercicio de sus potestades, dado que en puridad lo que contempla el ordenamiento administrativo es la presunción de legalidad de dichos actos.

Resulta igualmente chocante la expresión utilizada por el legislador estatutario de tribunal jurisdiccional para referirse a la exención de toda garantía o caución cuando actúe ante el mismo. Dicha expresión no es utilizada en la Ley Orgánica del Poder Judicial para referirse a los órganos jurisdiccionales, por cuanto estos pueden ser unipersonales o colegiados, distinguiéndose de esta forma en Juzgados y Tribunales y resultando comprensivo el término órgano jurisdiccional para denominar a ambos.

Apuntadas tales cuestiones, dentro de las potestades administrativas podemos clasificarlas en las siguientes:

a) La revisión en vía administrativa, tanto de oficio como en vía de recurso.

b) La potestad expropiatoria, incluida la declaración de urgente ocupación de los bienes afectados y el ejercicio de las restantes atribuciones de la legislación expropiatoria

c) Los poderes de investigación, deslinde y recuperación de oficio en materia de bienes.

d) La potestad sancionadora, dentro de los límites que establezca el ordenamiento jurídico.

e) La facultad de utilización del procedimiento de apremio.

Finalmente respecto a las prerrogativas administrativas de conformidad a la redacción estatutaria se circunscriben a las siguientes:

a) La presunción de legitimidad y la ejecutoriedad de sus actos, así como los poderes de ejecución forzosa.

b) La inembargabilidad de sus bienes y derechos, así como las prerrogativas de prelación, preferencia y demás reconocidos a la Hacienda Pública para el cobro de sus créditos, conforme a las leyes.

c) La exención de toda obligación de garantía o caución ante cualquier organismo administrativo o tribunal jurisdiccional.

d) La inadmisión de acciones posesorias de tutela sumarias contra las actuaciones de la Comunidad Autónoma de Canarias en materias de su competencia realizadas de acuerdo con el procedimiento legalmente establecido

10.9. Control de la actuación de la Administración

El artículo 63 E.A.Can. viene a sustituir al anterior artículo 42 del precedente texto estatutario y se refiere básicamente al control judicial en última instancia sobre la actividad administrativa que emana de los órganos que conforman la Administración Pública canaria, sin perjuicio de la propia posibilidad de revisión administrativa articulada a través de los recursos administrativos y económico administrativos que procedan conforme a lo establecido en el artículo 153 b) CE. Finalmente el apartado segundo hace referencia a la preceptiva publicidad normativa reconocida en el artículo 9 CE, a fin de que las normas reglamentarias sean publicadas en el Boletín Oficial de la Comunidad Autónoma para que resulten válidas y por tanto eficaces.

Coincido con Suay Rincón cuando considera que el texto adolece de una clarificación en cuanto a la actividad administrativa impugnable, por cuanto el precepto únicamente hace referencia a la actividad administrativa formalizada a través de normas reglamentarias, actos y acuerdos emanados de órganos ejecutivos y administrativos de la Comunidad Autónoma, dejando de la lado el resto de actividad administrativa que puede ser articulada a través de otras formas jurídicas e incluso a través de la propia inactividad[156].

156 José Suay Rincón. *El Estatuto de Autonomía de Canarias*. Thompson Reuters. Pág. 326.

Bibliografía

AGUADO RENEDO, CÉSAR. *Presentación Nuevos Estatutos Comparados*. Centro de Estudios Políticos y Constitucionales.

ARANDA, MANUEL y otros. *Canarias una historia administrativa*. 2000.

ARRUFAT CÁRDAVA, ALBERTO. *La proyección internacional de las comunidades autónomas. Un análisis particular de la comunidad valenciana*. Tirant Monografías. 2014.

BOSCH BENÍTEZ. O. *Derecho Público de Canarias*. Ed. Thomson Civitas. 2006.

GÓMEZ-FERRER MORANT, RAFAEL. "Derecho a la tutela judicial y posición jurídica peculiar de los poderes públicos". *Revista española de derecho administrativo*. Número 33. 1982.

MURILLO DE LA CUEVA, PABLO LUCAS. "El Poder Judicial en el Estado Autonómico". UNED. *Teoría y Realidad Constitucional*. Número 5, 1° semestre. 2000.

NAVARRO MÉNDEZ, JOSÉ IGNACIO. *Cuestiones de Derecho Parlamentario Canario*. Segunda Edición.

RINCÓN SUAY, JOSÉ. *Informe Comunidades Autónomas 2017*. Observatorio de Derecho Público.

RODRÍGUEZ-ZAPATA PÉREZ, JORGE. *Comentarios a la Constitución Española*. 1999.

RUBIO LLORENTE, FRANCISCO. *Revista española de derecho constitucional*. Año 9. Número 27. septiembre-diciembre. 1989.

RUIZ ROBLEDO, AGUSTÍN. *Compendio de Derecho Constitucional Español*. Tirant Lo Blanch. 2007.

SÁNCHEZ AGESTA L./ GOIG MARTÍNEZ, J. MANUEL. *Comentarios a la Constitución Española*. Tomo I – Preámbulo y artículos 1 a 9 de la Constitución Española de 1978. "Artículo 2º: Las Autonomías".1996. VLEX.-330891.

SEVILLA GONZÁLEZ, CARMEN. *El establecimiento de Corregidor en las Islas Canarias*. Anales de la Facultad de Derecho. Facultad de la Laguna. 2001.

SOLOZÁBAL ECHEVARRÍA, JUAN JOSÉ. *Pensamiento federal español y otros estudios autonómicos*.

TAJADURA TEJADA, JAVIER. "La Conferencia de Presidentes: Origen, evolución y perspectivas de reforma". *Revista Uned*. Número 101.

VERDUGO MUÑOZ, JUAN MANUEL. *La asimetría de las Ciudades Autónomas de Ceuta Melilla*. UNED. 2012.

---------------- 0 ----------------

75 Aniversario de la creación de la Provincia de las Palmas. Real Sociedad Económica de Amigos del País.

Comentarios al Estatuto de Autonomía para Andalucía. Obra coordinada por CRUZ VILLALÓN, PEDRO/MEDINA GUERRERO, MANUEL. Parlamento de Andalucía. Ideas más tecnología. 2012.

Comentarios del estatuto de Autonomía de Canarias. Instituto Canario de Administración Pública, Las Palmas de Gran Canaria. 1996.

Diario del Congreso de los Diputados.

El Estatuto de Autonomía de Canarias. Thompson Reuters. 2019.

Estudios sobre la Constitución española. Homenaje al Profesor JORDI SOLÉ TURA. Cortes Generales. 2008.

Revista Atlántida. 7 diciembre. 2016.

Made in the USA
Monee, IL
04 November 2026

67383090R10125